누가 뭐래도 나는 헤픈 여자다

이은희 지음

북스케치

사소한 것의 장엄함은 의미심장한 아름다움을
감지할 줄 아는 사람에게만 찾아온다.

– 『생각의 탄생』 미셸 루트번스타인, 로버트 루트번스타인

책을 건네며

길을 잃을수록 아름다운 길을 택하라

끝도 없는 초원과 하늘이 펼쳐진다. 가끔 흙길이 보일 뿐. 차를 타고 가는 동안 멍하니 풍경을 바라본다. 유일한 볼거리는 바람결에 천천히 모양이 변하는 구름뿐이다. 평온하다.

지금 호주 서부 퍼스(Perth)에서 몽키 미아(Monkey Mia)까지 가족 캠핑카 여행 중이다. 남들은 캠핑카 여행을 했다고 하면 낭만적이라며 부러워한다. 실상은 짠 내 여행의 극치다. 적어도 우리 가족에게는. 캠핑카는 물과 전기가 한정적이다. 물·전기 충전이 가능한 유료 캠프장은 경비 절약을 위해 웬만해서는 가지 않는다. 최대한 자원 절약을 하며 오래 버텨야 한다. 되도록 씻는 것을 '지양'하고, 어두워지면 할 일이 남아 있어도 그냥 잔다. 아니 자야만 한다. 설거지가 필요 없고 간단히 해치울 수 있는 빵이나 과일이 주 먹거리다. 식도락 따위는 없다. 옷은 일주일 넘게 보풀이 일어난 회색 후드 집업에 무릎 나온 츄리닝 바지다. 나를 포함하여 남편, 딸 그리고 아들, 우리 모두 옷에서 나는 쉰내를 서로 모른 척해주고 있다. 꾀죄죄한 네 명이 모여 있는 장면을 누군가 숙연한 음악으로 깔아주면 뭐 이런 내레이션이 들릴법하다.

'이 가족을 모른 척하실 겁니까? 당신의 작은 후원! 한 달에 삼만 원'

좁아터진 공간에서 함께 밥을 먹고, 밤이 되면 서로의 발가락을 보며 잠이 든다. 서로 엇갈려 자면 공간을 적극적으로 활용할 수 있다. 자려고 누우면 상대방 발가락이 내 코앞에 턱 하니 있다. 오늘은 아들 발이다. 잘못 걸렸다. 고약한 발 냄새가 코를 찌른다. 사실 내 발 냄새에 당당할 수 없으니, 상대방 발 냄새를 탓할 수도 없는 노릇이다. 처음에만 구시렁대다가, 금세 냄새에 적응이 되어 모두 꿀잠을 잔다. 못 씻고, 못 먹고, 이렇게 고생스러운 여행을 늘 자처한다. 호사스러운 여행에서는 결코 느낄 수 없는 묵직한 울림이 있기 때문이다.

그날도 역시 연식이 오래된 캠핑카와 함께 하염없이 달리고 있었다. 어느 순간 이 녀석이 힘들었는지 조수석 문이 말을 듣지 않았다. 문을 닫아도 완전한 잠금이 되지 않았다. 수리를 받기에는 일정도 꼬이고 귀찮아서 그냥 그런 채로 다녔다. 점심때가 되니 출출했다. 근처 태국 음식점에서 팟타이를 포장해서 가까운 공원으로 갔다. 주차장에 우리 차밖에 없었다. 한산하다고 생각했다. 한껏 소풍 기분 내면서 먹고 있는데, 흑인 두세 명이 눈에 보였다. 슬쩍 봤는데 다소 위협적인 인상이었다. 신경이 쓰였지만, 눈이라도 마주쳐 괜한 오해를 살까 보지 않았다.

점심을 후딱 해치우고 차에 올라탔다. 운전석에 길 찾기 용도로 꽂아두었던 남편 핸드폰이 보이지 않았다.

"자기야! 핸드폰 어디에 뒀어?"

"어…… 거치대에 꽂아놨는데 왜 없지?"

누군가는 물건을 엄한 곳에 놔두고, 다른 누군가는 엄한 데서 그 물건을 찾는 일은 우리 부부에게는 흔한 일상이기에 처음에는 별생각 없었다. 몇 분 동안 찾아봐도 없다. 남편도 못 찾고 있다.

"잘 찾아봐!"

짜증이 살짝 섞인 어조로 남편을 다그쳤다. 급기야 사인 가족이 힘을 합쳐 코딱지만 한 캠핑카를 쥐 잡듯이 다 뒤졌다. 보이지 않았다. 심장이 두근거리고 얼굴이 화끈해졌다.

"아무래도 그 흑인들인 것 같아."

남편은 그 공원에 그 사람들밖에 없었고, 우리 차 주변을 계속 어슬렁거렸다며 어느 정도 심증이 간다고 했다. 범인이 누가 됐든 지금 우리는 핸드폰은 잃어버렸고, 지금 할 수 있는 일을 생각해야 했다.

한국에서도 안 가본 경찰서를 호주에서 처음으로 가봤다. 아는 영어 단어 모조리 다 끄집어내 최선을 다해 설명했다. 분실 신고에 필요한 서류를 잔뜩 긴장한 채 더듬더듬 작성했다. 경찰이 질문할 때는 얼마나 긴장했던지 뒷골이 당기고, 어깨는 돌처럼 뻣뻣해졌다. 동시에 아까 먹은 팟타이는 목구멍 중간에 얹힌 듯했다. 모든 진이 빠졌다. 경찰서에서 나오니 벌써 하루 끝자락이었다. 아까 그 공원을 지나가는데 낮에 그토록 낭만적으로 보였던 공원은 공포 영화에 나오는 회색빛 폐허 같았다. 서늘했다.

다음날 캠핑카 계에서 조상급인 우리 붕붕이를 끌고 여지없이 또 달렸다. 문도 제대로 잠기지 않는 똥차도 싫고, 차 안에 있는 핸드폰을 그렇게 겁 없이 훔쳐 가는 사람들이 있는 여기도 싫었다. 오만 정이 떨어졌다. 그때부터 어딜 가나 사람들이 무서웠다. 최대한 접촉하지 않고 거리를 두었다. 조수석에 앉아 슬리퍼 자국 그대로 시커멓게 탄 맨발을 대시보드에 올려놓았다. 그리고 멍하니 구름이 적당히 섞인 하늘을 보았다. 구름은 시시각각 모양이 변하고 있었다.

쉼 없이 가고 있는데 남편이 다급한 목소리로 말했다.
"잠깐 멈춰야 할 것 같은데?"
경고등이 들어온다며 이유를 알아야겠다고 했다. 차에 있는 책자를 찾아 읽어봐도 이유를 찾지 못했다. 서둘러 주차를 하고 서비스 센터에 연락했다. 오는데 세 시간 정도 걸린다는 답변을 들었다. 미치고 팔짝 뛸 노릇이었다. 빨리 올 수 없냐고 다급하게 물어보니, 얄미울 정도로 느긋하게 답했다.
"여기는 서 호주입니다."
성질부려도 소용없을 것 같아 알겠다고 했다. 오후 두 시다. 사십도 가까운 날씨에 차 안 에어컨을 강으로 틀어도 후덥지근한 공기는 당최 시원해질 기미가 없었다. 찜통 같은 더위에 아이들은 짜증을 내기 시작했다. 나와 남편도 어제오늘 연속으로 좋지 않은 일에 몸과 마음이 지칠 대로 지쳤다. 답답한 차 안보다는 차라리 밖이 나을 것 같아 밖에서 기다려보기로 했다.

바로 그때 우리 차 옆에 다른 차가 주차를 했다. 콧수염에 등치 좋은 아빠, 금발 쇼트커트를 한 엄마 그리고 똑같이 꽃무늬 벙거지를 쓰고 있는 딸 두 명이 차에서 내렸다. 근처 호수로 주말 나들이를 온 듯했다.

'세 시간 후에 서비스 센터가 도착하면 그 시간에는 이미 어두워질 것이다. 어두워지면 외진 서호주에서 운전하는 것은 굉장히 위험한 일이다. 물과 전기도 거의 바닥이다. 잘못하면 여기서 노숙을 해야 할 수도 있다'라는 생각까지 미치자 뭐라도 해야겠다 싶었다.

무작정 아빠로 보이는 사람에게 다가갔다.

"실례합니다. 저희는 지금 이 차로 여행 중인데 갑자기 경고등이 켜져서요."

서비스 센터를 불렀지만 서너 시간이 걸린다고 하니 좀 봐줄 수 있는지 물었다. 무례할 수 있는 갑작스러운 도움 요청에 그는 환하게 웃으며 답했다.

"오늘 당신은 정말 운이 좋군요! 제 직업이 자동차 정비원이에요."

차가 고장 난 고립된 상황에서 도움을 요청한 사람이 자동차 정비원이라니……. 듣고도 믿어지지 않았다. 종교는 없지만 아무래도 도와주는 절대적인 누군가가 존재하는 듯했다.

그는 보여주기도 민망한 고물차 앞으로 와서 팔을 걷어붙이고 후드를 열었다. 여기저기 만져보고 점검을 했다. 맹렬한 더위에 서 있기만 해도 선크림이 허옇게 줄줄 흘러내렸다. 뙤약볕에 모처럼 주말 나들이를 온 딸 아이 두 명과 아내는 불평불만 없이 낯선 사람을 돕고 있는 아빠를 흔쾌히 기다려 주었다. 아빠 역시 땀을 뻘뻘 흘리며 마음을 다해 차 상태를 살펴주었다.

"걱정하지 말아요. 별일 아니에요."

엔진으로 이어진 센서 부분에 물이 묻어서 이상 반응이 온 거라고 했다. 서비스 센터 직원에게 본인이 제대로 설명하면 더 도움이 될 거라며 함께 기다려 주겠다고 했다. 한사코 괜찮다고 했지만, 본인이 그렇게 하고 싶다며 마음 쓰지 말라며 오히려 나를 다독였다. 다행히 예상보다 서비스 센터는 두 시간 만에 도착했고, 자기 일처럼 상세히 설명해주었다. 바로 에어로 물을 제거하니 정상으로 돌아왔다. 헤어지면서 몇 번이고 고맙다는 인사를 했다.

"당신 말대로 오늘은 정말 운이 좋은 날이네요. 당신을 만나서!"

날이 어두워지기 전에 서둘러 캠프장으로 향했다. 그날도 조수석에 앉아 발을 올려놓고 멍하니 창밖을 보았다.

"무슨 생각해?"

종일 운전만 하느라 얼굴과 팔이 까맣게 탄 남편이 물었다.

"똑같은 게 하나도 없네."

"어?"

"구름……. 똑같은 구름이 하나도 없다고."

우리가 사는 일상 같다. 어떤 날은 대낮에 도둑질을 당하고, 또 어떤 날은 낯선 이에게 말도 안 되는 큰 도움을 받고……. 예측할 수 없는 우리 일상이 매번 변하는 구름 같다. 캠핑카 여행이 끝나고 미운 정 고운 정 듬뿍 들었던 우리 붕붕이를 반납했다. 반납할 때 차 문에 미처 눈여겨보지 못했던 문구가 눈에 들어왔다.

"Always take the scenic route, especially if you're lost."
"길을 잃을수록 아름다운 길을 택하라."

이놈의 고물차가 여행 다 끝나가는 마당에 사람을 대책 없이 감동을 준다. 길을 잃었다고 잃은 것에만 집중하느라 소중한 많은 것을 놓쳤다.

'핸드폰을 잃어버렸더라도 사람은 다치지 않아서 다행이라며 감사했더라면 얼마나 좋았을까?'

'차가 고장 났을 때 고물차 덕분에 천사 같은 분을 만났다며 오히려 그 상황을 즐겼더라면 어땠을까?'

인생은 늘 똑같은 것 같지만 매일 슬픈 일 기쁜 일은 쉴 새 없이 일어난다. 시시각각 변하는 구름처럼. 기꺼이 받아들여 즐기고 싶다. 길을 잃을수록 아름다운 길을 택하는 일은 그 누구도 아닌 내가 할 수 있는 일이니…….

차 례

책을 건네며 _005

1부 / 누가 뭐래도 나는 헤픈 여자다

'못' 나가는 것이 아니라 '안' 나간다 _016
나의 우상 _026
그는 자아가 없다 _034
전국노래자랑 _043
악필이어도 괜찮아 _051
헤픈 여자 _058
파티광 _066

2부 / '사춘기'는 반갑지 않았다

나의 제주, 보물섬 _076
첫 러브레터 _086
천국으로 올리는 국밥 _096
달려라 아들! _104
돈의 기쁨과 슬픔 _113
매일 양배추 토스트처럼 _120
시간을 헛되게 보내세요 _125

3부 / 결론은 '다' 재미있어요

가위손 _134
완벽하지 못한 축사 _144
모자람이 주는 선물 _153

오! 마이 캡틴, 나의 딸	_161
무너져도 괜찮아	_168
배낭을 사랑하는 이유	_174
수능 감독비의 진실	_180

4부 / 그래도 사랑은 잘 챙겨주세요

현관 앞 고백	_188
시나브로의 기적	_195
무식이 용감이다	_203
돈으로 살 수 없는 것	_210
나의 사랑, 나의 애인	_217
성의 없는 생신 상	_225
인생 최고의 '돌봄'	_230

5부 / 참 무탈한 하루다

최악의 숙소가 최고의 숙소	_246
산책하길 참 잘했다	_252
무탈한 하루	_257
손해 보는 인생	_262
마지막 손님	_271
천국이 있다면	_280
지금 녹차를 마시면 됩니다	_284

글을 닫으며   _290

한때는 약점이라고 생각했던 헤픈 성격이
이렇게 고마울 수가 없다.
별거 아닌 일도 함께 감동하다 보니
그 행복이 배가 되어 돌아온다.

1부

누가 뭐래도 나는 헤픈 여자다

'못' 나가는 것이 아니라 '안' 나간다

여행광인 내가 심각한 길치라고 하면 사람들은 잘 믿지 않는다. 매일 출근하는 학교 건물에서 출입구를 헷갈려 헤매는 것은 부지기수다.

"내일 봬요."

퇴근하는 동료에게 인사하고 다른 출구로 나갔는데 주차장에 내 차가 없다. 또 주차장 위치를 헷갈린 것이다. 다시 돌아오는 길에 아까 봤던 동료에게 민망하게 웃으며 다시 인사한다. 삼 년 근무한 학교인데 특별실 위치가 헷갈려 갓 입학한 일학년 신입생에게 묻는다.

"미안한데 시청각실이 어디니?"

그뿐인가. 수업하려고 교실 문을 열면 다른 선생님이 수업하고 있다.

"에고. 죄송합니다."

또 교실 위치를 헷갈린 것이다. 소풍 전날은 잠을 이루지 못한다. 설레서가 아니라 집합 장소에 제대로 찾아갈 수 있을지 걱정이 돼서.

지인들과 약속이 있는 날이면 아무리 바빠도 남편이 데려다준다. 겁도 없이 차를 가지고 갔다가 한 시간 넘게 헤매다 결국 못 찾고, 집에 돌아간 적이 여러 번 있고 나서다. 기다리고 있던 지인들도 한두 번 있는 일이 아니니 이제 놀라지도 않는다. 그들은 목청 높여 이 건물에서 좌회전하고 거기서 우회전해서 꺾으면 된다고 설명한다. 온통 외계어다. 순간 머릿속은 뒤죽박죽이 된다. 들어도 모르겠고 내비게이션을 봐도 모르겠다. 지인들은 이해 못 하는 나를 답답해한다. 사실 이렇게 사는 나보다 더 답답할까 싶다.

대학교 입학 첫날 교정을 보고 질겁했다. 쓸데없이 넓었다. 무서웠다. 길을 잃어버릴까 봐……. 학교는 다녀야 하니 '이 건물에서 왼쪽으로 돌기' 이렇게 나만의 지도를 만들어 다니기도 했다. 한번은 신혼 때 남편과 말다툼을 하고 홧김에 집을 나갔다. 충동적으로 나간 거라 핸드폰과 지갑을 놓고 나왔다. 무작정 걸었다. 혼자 씩씩거리면서 걷다 보니 어느 순간 낯선 건물이 보이기 시작했다. 어느 순간 화났던 마음은 사그라졌다. 겁에 질려 집을 찾기 시작했다. 밤이라 낮에 봤던 풍경과는 또 달랐다. 아무리 걸어도 집은 보이지 않았다. 등에 식은땀이 나기 시작했다. 경찰서 앞 '사람을 찾습니다'에 내 사진이 있을 수 있겠다는 별의별 생각이 다 들었다. 자존심을 챙길 때가 아니었다. 결국 남편에게 공중전화 수신자 부담으로 전화를 걸어 엉엉 울며 구조 요청을 했다.

"집을 도저히 못 찾겠어. 지금 좀 와 줘."

남편은 주변에 있는 큰 건물 이름을 말하라 했고, 몇 분 후 남편은 나에게 달려와 주었다. 알고 보니 그곳은 집 바로 코앞이었다. 쉽게 울음이 멈추지 않아 계속 훌쩍이는 나를 보며 남편은 삐져나오는 웃음을 입술을 깨물며 참았다 한다. 그 이후 싸워도 못 나간다. 집을 찾지 못할까 봐……. 남편은 길치가 꼭 나쁜 점만 있는 것이 아니라며 흐뭇해한다.

누구보다 이런 속사정을 잘 아는 사람은 남편이다. 낯선 곳에 약속이 있으면 일정을 조정해서라도 꼭 데려다주고, 길 잃어버렸다고 하면 재빨리 와서 '구조'해준다. 제주도 살면서 리본으로 길을 알려주는 올레길이 그렇게 고마울 수 없었다. 누구 도움 없이 길을 걸으며 산책할 수 있다는 것이 모세의 기적보다 더한 기적이었다. 광주로 돌아온 후, 제주 올레길이 계속 생각났다. 길 잃어버릴 걱정 없이 혼자서 다닐 수 있는 산책길이 그리웠다. 저녁을 먹고 동네 뒷산을 남편과 산책하며 말했다.

"내 소원은 마음껏 혼자 걷고 싶어. 길 잃을 걱정 없이."

며칠 후, 남편은 동네 뒷산 산책길에 나무마다 리본을 달아 나만의 산책길을 코스별로 만들어 주었다. 리본 색깔별로 한 시간, 두 시간, 반나절 코스까지. 덕분에 며칠 동안 그 리본 길 덕분에 마음 놓고 산책할 수 있었다. 아쉽게도 며칠 후 관리하는 분이 다 치우기는 했지만……

놀라운 사실은 공간인지능력은 바닥인데 낯선 곳을 열망하는 호기심은 누구보다 왕성하다는 거다. 얼마나 아이러니한가. 미지의 넓은 세상이 궁금했다. 길 찾는 것이 이토록 무서운데, 미치도록 다른 세상이 궁금했다. 그때마다 같이 갔던 친구가, 남편이, 심지어 아이들이 길을 찾아줘서 무사히 집으로 돌아올 수 있었다. 곁에 도와주는 누군가가 늘 있었다. 공간인지능력 제로인 내가 가장 원하는 일이 혼자 해외여행을 가는 것이었다. 국내에서 아니 동네에서도 길을 잃는 내가 혼자 해외여행을 떠난다는 것은 상상만 해보는 '꿈'이었다.

하루는 여름방학을 앞두고 치앙마이 가족여행 계획을 세우고 있었다. 옆에 있던 남편이 뜬금없는 제안을 했다.
"내 방학이 일주일 늦게 시작하니깐 일주일 먼저 혼자 떠나 봐."
"나 혼자?"
말도 안 되는 소리였다. 동시에 말도 안 되는 상상을 했다. 혼자 배낭을 메고 낯선 곳에서 자유롭게 거리를 활보하고 있는 장면을……. 심장이 두근거렸다. 무조건 가고 싶었다. 신중하게 생각하면 분명 못할 것 같았다. 바로 비행기 표를 예약했다. 신은 공간지각능력은 안 주셨는데 그만큼의 추진력은 주신 듯했다. 무식하게 일은 저질러 놨는데 문제는 길 찾기였다. 남편은 어디를 가든 구글 지도만 있으면 된다며 가르쳐 주겠다고 했다. 생존을 위해서 배워야만 했다. 출국 몇 주 전부터 남편과 함께 구글 지도를 켜고 길 찾는 연습을 했다.

남편은 내가 이해할 때까지 반복해서 알려주었다. 화 한번 내지 않고 알려주는 성의가 고마워서라도 꼭 해내고 싶었다. 내 위치를 누르면 부채꼴이 보인다며 그 모양과 가는 길이 일치하면 된다고 수백 번은 말해주었다. 심지어 아예 핸드폰 윗부분에 네임펜으로 부채꼴을 그려주었다.

'부채꼴 모양과 가는 길을 일치시키면 된다.'

이해하는 데 일주일이 걸렸다.

태어나서 처음으로 혼자 비행기를 탔다. 입에 들어가는지 코에 들어가는지 모르게 기내식을 대충 먹고, 여행 책자가 구멍이 날 정도로 줄을 그어가며 일정을 확인했다. 얼마나 긴장을 했던지 목과 어깨가 돌덩이처럼 굳어있었다. 동시에 심장은 간질간질했다. 몹시 두려웠고 몹시 설렜다. 드디어 치앙마이 공항에 도착했다. 부채꼴이 그려진 핸드폰을 꼭 쥐고 공항을 나섰다. 낯선 행성에 홀로 불시착한 것 같았다. 그렇게 많은 해외여행을 했는데도 의지할 누군가가 있고 없고는 엄청난 차이였다. 옆에 누가 없으니 믿을 사람은 나 혼자뿐이었다. 우선 택시를 잡았다. 가는 동안 구글 지도에 맞게 가고 있는지 두 눈 부릅뜨고 지켜보았다. 여자 혼자 탔다고 엉뚱한

데로 데려갈까 봐 긴장을 놓지 않았다. 안 그래도 큰 눈이 튀어나올 것 같았다. 무사히 예약했던 숙소에 도착하고 체크인까지 마쳤다. 드디어 방에 들어왔다.
'혼자 이 머나먼 곳까지 오다니…….'
눈물이 핑 돌았다. 믿기지 않았다.

한숨 돌리고 나니 배에서 꼬르륵 소리가 났다. 생각해보니 오늘 기내식 말고는 먹은 게 없었다. 구글로 맛집을 검색하자 쌀 국숫집이 오 분 거리에 있었다. 후기를 읽어보니 인생 쌀국수라며 치앙마이 왔으면 꼭 먹어보란다. 침이 고였다. 여기서 굶어 죽고 싶지는 않았다. 소지품만 간단히 챙겨 숙소를 나왔다. 구글이 가라는 대로 한 걸음 한 걸음 내디뎠다. 맞게 가고 있는지 초 단위로 내 위치를 확인했다. 타국에서 남편이 네임펜으로 그려준 부채꼴을 보니 괜히 콧날이 시큰해졌다. 남편이 일러준 대로 부채꼴과 가는 방향을 일치시켰다.

'자기야! 나 지금 제대로 가는 거 맞지? 진짜 맞지?'
불안한 마음에 계속 혼잣말로 중얼거렸다. 숙소와 멀어질수록 겁이 났다. 혹여 못 찾게 될까 봐 왔던 길을 수시로 되돌아봤다. 눈에 띄는 가게를 사진으로 찍어두었다. 당연히 풍경은 눈에 들어오지도 않았다. 오 분 거리 식당을 이십 분 만에 도착했다. 식당 간판을 보는 순간 다시 눈물이 핑 돌았다. 오늘 도대체 몇 번 우는지 모르겠다. 눈물을 훔치며 혼잣말을 했다.

"나도 할 수 있구나."

자축의 의미로 소고기 쌀국수 곱빼기로 시켰다. 갈비탕 비슷한 진한 국물에 야들야들한 소고기까지 거북했던 속이 시원하게 풀렸다. 국물 한 방울 남기지 않고 한 그릇을 다 비우고 나니 여한이 없었다.

곱빼기 쌀국수 먹고 용기가 곱빼기가 됐을까? 다음 날 훨씬 가벼운 마음으로 숙소를 나섰다. 지도를 보지 않고 우선 걸었다. 무슨 배짱이었는지 그렇게 해보고 싶었다.

'나 혼자 이 낯선 곳을 걷고 있다니……'

꿈만 같았다. 콧노래가 절로 나왔다. 길거리는 한적하고 자유로웠다. 어제 길 찾느라 놓쳤던 치앙마이 특유의 분위기가 비로소 눈에 들어왔다. 태국 북부지역에 있어 산으로 둘러싸인 치앙마이는 가는 곳마다 푸른 감성이 가득했다. 보이는 모든 것이 아름다웠다. 근처 공원을 걸어보았다. 분수대 앞 벤치에서 운동화를 벗고 누웠다. 볕은 따뜻하고, 바람은 시원하고, 공기는 싱그러웠다. 긴장했던 마음은 어느새 느슨해졌다. 물론 중간에 실수도 잦았지만, 공포 수준의 겁은 나지 않았다. 어떻게든 구글 지도로 찾을 수 있다는 자신감이 어느 정도 생기기 시작했다. 내친김에 새로운 경험을 하루에 하나씩 시도해보기로 했다. 세계 각국에서 온 배낭여행객들과 어울려 공원에서 요가를 하고, 담배 연기 뿌연 곳에 들어가 일회성 문신을 하고, 현지 미용실에 들어가 파란색이 잔뜩 들어간 레게머리를 하고, 노천카페에 앉아 에그 베네딕트를 먹으며 옆에 앉은 캐나다 친구와 수다를 떨었다. 말도 안 되는 꿈을 매일 이루고 있었다.

가장 원했지만, 가장 두려워했던 일을 매일매일 해내고 있었다. 해보니 불가능이 아니라 내가 만들어 낸 '두려움'이었다. 남들만큼은 매끄럽지는 못해도 용기 내면 더디게라도 할 수 있는 거였다. '잘'하지는 못해도 '할' 수는 있었다. 지금도 익숙한 곳, 낯선 곳 할 거 없이 헤매기 일쑤다. 그래도 치앙마이 여행 이후 크게 달라진 점은 있다. 적어도 길 잃고 우는 일은 없다. 우스운가? 나는 지금 무척 진지하다. 이제 산책을 하고 싶으면 네이버 지도를 이용해서 다닌다. 동네를 네이버 지도를 이용해서 다닌다고 하면 남들은 잘 믿지 않는다. 상관없다. 세상 잘 만나 이렇게라도 좋아하는 산책을 마음껏 다닐 수 있다는 게 고마울 따름이다.

무엇보다 부부싸움했을 때 이제는 '못' 나가는 것이 아니라 '안' 나간다.

길치인 내가 가장 뿌듯한 순간이다.

나의 우상

"자! 이제 따님은 앞을 보고 어머님은 딸을 바라보세요!"

어머니는 세상에서 가장 따뜻한 미소로 딸을 아이 보듯이 바라보았다.

어머니는 시골 작은 양품점을 운영하였다. 요즘에는 잘 쓰지 않는 단어이지만, 양품점은 의류나 장신구 같은 잡화를 파는 가게를 뜻한다. 여자의 요구(Needs)를 정확히 파악한 옷과 장신구 그리고 감각 있는 코디로 우리 가게는 요즘 말로 '핫플'이었다. 게다가 유머 감각과 공감 능력이 탁월한 어머니는 동네 아주머니들 사이에서는 '인싸'였다. 가게에서 동네 아주머니들의 수다를 듣고 있노라면, 웬만한 토크 쇼보다 더 흥미로웠다. 늘 대화를 리드하는 쪽은 어머니였다. 마치 미국 유명 토크쇼 '엘렌 쇼'(The Ellen DeGeneres Show)의 호스트 엘렌 드제너러스(Ellen DeGeneres) 같았다. 키 크고 옷맵시도 좋은 어머니는 신상이 나오는 날이면, 그 옷을 입고 동네 한 바퀴 걷고 오셨다. 이후 그 옷은 바로 품절 사태가 나곤 했다. 그런 어머니를 지켜보는 딸은 마치 성공한 여자 CEO를 보는 것 같았다.

"엄마랑 도매시장 같이 갈 사람?"

네 남매 중 유일하게 손드는 사람은 늘 나 혼자였다. 버스로 시내까지 가는데 대략 두 시간, 왕복 네 시간이다. 유독 비위가 약해 멀미가 심한 나는, 버스 안 담배 찌든 냄새와 가는 동안 아저씨들이 피우는 담배 연기가 곤욕이었다. 그 당시에는 버스 내 흡연이 가능한 시절이었다. 멀미가 심한 날은 검은 봉지에 토해가면서 기진맥진한 채로 두 시간을 버텼다. '이러려고 내가 따라왔나'하는 자괴감이 들 때쯤 시장에 도착했다. 고행이 따로 없는 이 여정을 함께 가겠다고 한 이유는 다름 아닌 '핫도그'다. 시골에서 쉽게 먹을 수 없는 핫도그를 어머니는 같이 와준 딸에게 그날만큼은 인심 좋게 사주었다. 사실은 '핫도그'보다 따라다니며 보게 되는 어머니 '뒷모습'이 좋았다. 치열한 도매 상가에서 익숙하게 옷을 척척 고르고, 당당하게 요청 사항을 말하며 주문하는 어머니 뒷모습은 나의 자부심이었다.

어머니는 정신없이 옷을 고르고 짐까지 싸는 일이 끝나면, 자신의 몸보다 몇 배는 무거운 짐을 들고 버스 정류장으로 갔다. 그날은 유독 짐이 많고 버거워 보였다. 어린 나는 어머니의 무거운 짐보다 언제 핫도그를 먹을 수 있나 그 생각밖에 없었다. 어머니는 무거운 짐을 힘겹게 내려놓고 딸이 그렇게 먹고 싶어 하는 핫도그를 약속대로 사주었다. 기름에 바싹하게 튀긴 후, 케첩이 지그재그로 듬뿍 뿌려진 핫도그는 고된 여정을 다 보상해주고도 남을 맛이었다. 핫도그를 한 입 베어 물자, 그날은 예정 시간보다 버스가 일찍 도착했다.

"기사님! 미안해서 어떡해. 오늘 좀 짐이 많아요. 좀 봐줘요!"
어머니는 버스 문이 열리자 넉살 좋게 말하며 무거운 짐을 끙끙대며 간신히 버스 위로 올렸다. 여전히 나는 핫도그를 입에 넣은 채 이 상황을 지켜봤다. 검게 그을린 얼굴에 선글라스를 쓴 기사 아저씨는 껌을 씹으며 소리쳤다.

"아줌마! 짐이 많잖아. 이러면 사람 못 태워. 다음 차 타!"

여자 혼자 낑낑대며 힘들게 올려놓은 짐을 야박하게 발로 뻥 차버렸다. 커다란 짐은 버스 밖으로 데굴데굴 밖으로 내동댕이쳐졌다. 어머니는 연신 미안하다며 다시 그 짐을 힘겹게 올려놓았다. 얼굴이 뻘겋게 달아오를 정도로 힘들게 올려놓으면, 다시 그 짐은 버스 밖으로 무색하게 튕겨 나갔다. 뒤에 줄 서고 있는 사람들의 따가운 눈총이 온몸으로 느껴졌다. 상황이 심상치 않다는 것은 분명했다. 어떻게 해야 할지를 몰라 눈만 끔벅거리며 핫도그를 오물거리고 있었다. 맛은 느껴지지 않았다.

"기사님! 돈 더 드릴게! 이번 한 번만 봐줘요! 응?"

욕설이 섞인 거친 말과 몇 번의 실랑이 끝에 결국 어머니와 나는 버스에 탈 수 있었다. 힘겹게 버스에 올라탄 어머니는 거친 숨을 몰아 내쉬었다. 그 와중에 빈 좌석을 본 어머니는 환하게 웃으며 나에게 말했다.

"우리 딸 여기 앉아! 여기 앉아서 먹어!"

자리에 앉아 창밖으로 얼굴을 돌렸다. 창문으로 들어온 바람 때문인지 눈이 시큰거렸다. 눈앞이 흐려졌다. 더 흐려져서 창밖의 풍경은 하나도 보이지 않았다. 남은 핫도그를 쑤셔 넣었다. 꾸역꾸역 먹는 핫도그 때문에 목은 더 메었다. 웬일로 그날만큼은 어머니도 왜 우느냐고 묻지 않았다. 그때부터였다. 어머니를 속상하게 하는 일은 절대 하지 않겠다고 마음먹었다.

　세월이 지나 그때 어머니 나이가 됐다. 무엇을 해도 좋을 일요일 오후다. 아무 버스나 탄다. 목적지 없이 버스 타기가 요즘 내 취미 중 하나다. 가다 보니 어머니 집 근처였다. 예고 없이 어머니 집에 갔다. 누구보다 환한 웃음으로 딸을 반겨주었다. 전화 한 통 없이 불쑥 찾아가도, 불쾌하기는커녕 반가운 존재는 어쩌면 자식이 유일한 것 같다. 요즘 몸이 좋지 않아 우울해하는 어머니에게 데이트 신청을 했다. 어머니와 맛있는 한 끼를 먹으면 좋겠다 싶어 요즘 핫한 맛집으로 가기로 했다. 가는 지하철 안에서 남편과 결혼기념일에 찍은 요즘 유행하는 흑백 커플 사진을 자랑하며 보여주었다.
　"어머! 사진이 예쁘게 잘 나왔네. 엄마도 이런 사진 찍어보고 싶었는데……."
　"그래? 그럼 우리 오늘 흑백사진 찍자!"

하고 싶으면 지금 하는 것이 맞다. 이게 뭐라고 나중으로 미뤄 후회를 만들고 싶지 않았다.

어머니에게 여기 근처인 것 같다고 내리자고 했고, 부리나케 내렸다. 내려 보니 여기가 아니었다.
"아차! 세 정거장 더 가야 하는데……."
머쓱해진 표정으로 씩 웃으며 어머니를 봤다.
"엄마! 소화도 시킬 겸 우리 걸으면서 갈까?"
길치인 딸이 해맑게 웃으며 말한다.
오후 한 시, 태양이 미쳤나 싶을 정도로 쨍쨍하다 못해 살이 익어가는 듯했다. 연이은 된더위로 길에 걸어 다니는 사람은 거의 보이지 않았다.
"안 그래도 배가 불러서 걷고 싶었어. 잘 됐네. 같이 걷자!"
늘 어머니는 딸이 하는 말은 뭐든 다 좋다고 한다.

푹푹 찌는 여름날, 어머니와 끝없는 수다를 떨면서 걸었다. 아버지와 연애 때, 어머니가 좋아하는 단감을 매번 사줘 결혼 결심을 하게 된 이야기, 결혼 후 아버지 반대에도 경제적으로 독립을 하고 싶어 양품점을 차리게 된 이야기 그리고 양품점

하면서 장사 수완이 좋아 돈을 많이 벌게 된 이야기까지 어머니 '전성기' 이야기를 시간 가는 줄 모르고 들으며 왔다. 쉴 새 없이 이야기를 나누다 보니 벌써 사진관이었다.

계획 없이 온 거라 둘 다 옷이 평상복이었다. 어머니에게 무료로 대여해주는 웨딩드레스를 입어 보자며 슬쩍 말해보았다. 예상대로 어머니는 단박에 거절했다.
"안 입어! 살쪄서 나한테 맞는 웨딩드레스가 어디 있겠니?"
냉큼 어머니에게 맞을 법한 웨딩드레스를 보여주며. 치수 큰 웨딩드레스도 많다며 끈질기게 설득했다. 결국, 못 이긴 척 어머니는 계획에도 없던 웨딩드레스를 딸과 함께 입고 카메라 앞에 섰다.

"자. 허리를 곧게 펴고 서로를 바라봐 주세요!"
사진사가 중얼거리듯이 나지막하게 말했다.
"엄마! 허리를 쭉 펴고 나를 봐!"
다시 어머니에게 과장된 입 모양과 큰 목소리로 말했다.
어머니는 몇 년 전 한쪽 귀는 돌발성 난청으로, 다른 한쪽 귀는 메니에르병으로(귀울림, 난청과 함께 갑자기 평형감각을 잃고 현기증이나 발작을 일으키는 병) 청력이 거의 소실된 상태다. 인공 와우 수술과 보청기로 입 모양을 보며 큰소리만 들을 수 있다.

사진사의 눈치를 보면서 곧게 펴려고 허리에 잔뜩 힘을 준다.
"이제 나이가 드니 등이 굽어서 허리가 곧게 펴지질 않네."
"자 이제 찍습니다. 따님하고 어머니! 서로 바라봐 주세요."
멋쩍어하는 어머니와 눈을 마주 보았다. 주름이 깊게 팬 어머니 눈을 한동안 아무 말 없이 바라보았다. 처음이었다. 그토록 어머니 눈을 공들여 바라본 일이…….

그만 눈앞이 흐려졌다. 어렸을 적 버스 창가로 얼굴을 돌려 눈물을 삼켰던 장면이 흑백 스냅 사진처럼 떠올랐다. 자식들을 위해 누구보다 치열하게 살아온 나의 우상. 지금은 등이 굽고 잘 들리지 않은 그녀는 누구보다 자랑스러운 나의 우상이다.
"자! 이제 따님은 앞을 보고 어머님은 딸을 바라보세요!"
불혹이 넘은 딸을 어머니는 늘 그렇듯 세상에서 가장 따뜻한 미소로 아이 보듯이 바라보았다.

그는 자아가 없다

횡단보도를 사이에 두고 만났다. 여름의 질주가 약해진 구월 육 일, 초록색 풍뎅이가 그려진 흰 블라우스에 초록색 치마를 입고, 만나기로 한 장소에 나갔다. 사실 별 기대는 없었다. 인연을 만난다는 것이 쉽지 않다고 뼈저리게 느끼고 있었던 시기였다. 버스에 내려 신호등을 기다리는데, 건너편에 왠지 '그'일 것 같은 사람이 서 있었다. 연 청바지에 하얀 옥스퍼드 티셔츠를 입고, 금테 안경을 추켜올리며 누군가를 기다리는 듯했다. 보는 순간 청량했다.

전화를 걸어 확인했다.
"안녕하세요! 혹시 오늘 만나기로 한 분 맞나요?"
"네! 반갑습니다."

반가운 마음에 그를 보며 손을 크게 흔들었다. 그리고 빨간 불 신호등이 아직 뻘겋게 켜져 있는데, 전혀 개의치 않고 횡단보도를 건넜다. 환하게 웃으며 손까지 흔들면서……. 그는 참 해맑은 표정으로 당당하게 '무단횡단'을 하는 나를 보고, 황당하고 신선했다고 한다. 사람 없으면 막 건너는 '무법자'와 무단횡단은 단 한 번도 해본 적 없는 준법정신이 투철한 '바른 생활 사나이'가 만났다. 나는 '내'가 좋은 게 먼저였고, 그는 '남'이 좋은 게 먼저였다. 자기가 조금 불편하더라도 티 나지 않게 남을 배려하는 것이 좋은 사람이었다. 만나본 사람 중 가장 '고운' 사람이었다.

반대와 반대가 만나니 불꽃이 튀었다. 연애 때 영화를 단 한 번도 본 적이 없었다. 스크린을 보게 되면 서로의 얼굴을 볼 수 없었기 때문이었다. 보고 있어도 보고 싶은 사람이었다. 세 번째 데이트 때 누가 먼저랄 것도 없이 결혼을 약속했다. 결혼 전까지 칠 개월 동안 하루도 빠지지 않고 만났다. 밥을 먹지 않아도 배가 고프지 않았다. 전화 통화로 새벽에 자도 다음 날 피곤하지 않았다. 기분은 늘 구름 위를 걷는 것 같았다. 결혼식 날짜에 빨간 동그라미가 그려진 달력을 보며,

결혼식이 제발 빨리 오게 해 달라며 매일 기도했다.

남부럽지 않게 미친 듯이 사랑해서 결혼했다. 결혼 후 그는 성실함 그 자체였다. 남편으로서 할 수 있는 역할은 늘 마음을 다해서 해주었다. 아내가 하는 말은 묻지도 따지지도 않고 다 따라주었다. 지금껏 가시 돋친 말로 상처 준 적이 단 한 번도 없다. 외식하고 싶은 날 그에게 물었다.
"오늘 뭐 먹을까?"
"국물이 있는 거면 좋겠는데……. 뭐 상관없어."
"우리 스파게티 먹자!"
"그래. 그러자!"
자기 의견을 내세우기보다는 늘 내 이야기를 경청해 주었다.

나는 내 의견대로 하는 것이 좋았고, 그는 내가 원하는 것을 해줄 수 있어 좋았다. 우리는 서로의 성향을 존중해주며 별문제 없이 잘 살았다. 그런데 세상 어디에도 없는 이 착한 남자가 한 번씩 불만이다. 결정이 필요할 때는 늘 내가 결정한다. 아무리 작은 문제라도 남편과 함께 고민한다. 그리고 최종 결정은 내가 한다. 큰 결정, 작은 결정 모두 다. 처음에는 나의

'권한'이라고 생각했다. 시간이 지나면서 '권한'이 아닐 수도 있겠다는 생각이 들기 시작했다.

해외 가족 여행을 갈 때 여행지 선정부터 모든 일정에 관련된 일은 다 내 몫이다. 좋아하고 잘하는 일이기에 상관없었다. 내 취향대로 여행을 계획하는 것이 좋았고, 남편은 그런 내 의견을 존중해주었다. 그런데 십 년이 넘은 지금 조금 억울하다는 생각이 스멀스멀 들기 시작했다. 여행지에서 낯선 식당에 들어가면 나는 늘 분주하다. 우선 매의 눈으로 편안한 자리를 선정해서 아이들하고 남편을 앉힌다. 웨이터에게 이것저것 물어본 후 그와 아이들 입맛까지 고려한 메뉴를 알아서 시켜준다. 식사하는 동안 핸드폰으로 다음 동선지를 물색한다. 동시에 근처 맛집을 검색해서 저녁 식사 장소까지 정해서 알려준다.

그때 옆에 젊은 커플이 앉아 있었다. 남자는 웨이터에게 뭐가 맛있는지 뭐가 유명한지, 꼼꼼하게 물어보고, 여자에게 좋아할 만한 메뉴를 알아서 주문해주었다. 꽃무늬 원피스에 곱게 화장한 여자는 그 남자가 시켜준 메뉴로 여유롭게 식사를 즐겼다. 남자는 식사 후 가면 좋을 곳을 알아봐서 여자에게 설명하고 있었다. 그 여자는 분주한 나하고는 많이 달라 보였다.

현지에서 발생하는 민원도 늘 내 담당이다. 한번은 예약한 방과 다르게 컨디션이 낙후된 방으로 배정받았다.
"난 여기도 나쁘지 않은데……."
남편은 말끝을 흐렸다. 그 말은 '그냥 내가 좀 참으면 되는데'라는 뜻이 함축되어 있다. 그는 타인에게 불편한 이야기를 하는 것을 극도로 불편해한다. 보나 마나 성질 급한 내가 해야 한다. 바로 로비로 내려가 조곤조곤 상황을 설명했다. 예약했던 방과 다른 점은 사진으로 보여주며 방을 바꿔 달라고 했다. 처음에는 다 똑같다며 느슨한 태도를 보였다. 환불받고 당장 나가겠다고 말했다. 결국 호텔 측은 더 좋은 방으로 제공을 해줬다. 나름 성과는 냈지만, 기운이 빠졌다. 그때 옆에 한 남자가 호텔 직원에게 방에 이런저런 문제가 있다며 강하게 말하고, 여자는 남자 뒤에서 한가롭게 핸드폰을 만지작거리고 있었다. 순간 내 처지에 화가 나고 울컥했다.

나도 꽃무늬 원피스 여자처럼 남자가 알아서 시켜준 음식을 편하게 먹고, 불편한 이야기는 나대신 말해주는 남자 뒤에 서서 지켜만 보고 싶었다.

"저 여자들은 무슨 복이 있어 저렇게 편하게 대접받고, 나는 왜 맨날 전투적으로 살아야 하는데?"

남편에게 서운한 감정을 다 쏟아부었다. 그는 나의 한 맺힌 말을 묵묵히 듣고 있었다. 그리고 조심스럽게 말을 건넸다.

"그렇게 하면 자기가 좋아하는 줄 알았어."

우스갯소리로 자아가 없다며 늘 그를 놀려댔다. 하지만 돌이켜보니 그의 의견을 거의 물어보지도 않았고, 물어봤어도 답은 늘 정해져 있었다.

"뭐 먹을까?"
"오늘 국물 있는 거 먹을까?"
"음⋯⋯. 그냥 크림 스파게티 먹자!"
"그래. 좋아!"

"이 방 마음에 들어?"
"난 여기도 나쁘지 않은데?"
"난 꼭 말해야겠어!"

"그게 마음이 편하면 그렇게 해."

"오늘 국물 있는 거 먹을까?"
"난 여기도 나쁘지 않은데?"

그러고 보니 그는 조용히 의견을 말해왔다. 그런데도 내 의견을 기꺼이 따라주었다. 식당에서 묻지 않고 시켜버리면 "오늘은 다른 메뉴 먹어보고 싶었는데……."라고 할 수도 있어 주도권을 줬다고 한다. 뭘 시켜도 맛있게 먹어주는 것이 본인이 할 수 있는 배려라고 생각했단다. 민원을 말할 때 만약 자기가 나서서 했으면, 나의 화난 마음이 풀렸겠냐며 굳이 나서지 않았다고 한다. 내 '결'대로 살아갈 수 있도록 해주는 것이 나를 사랑하는 자신의 방식이었다며…….

나에게 묻는다.
'내가 과연 메뉴를 알아서 골라주는 남자에게 고맙다고 말할 수 있는 여자인가?'
'내가 과연 알아서 할 테니 뒤에 서 있으라고 하면 조용히 있을 여자인가?'

나를 누구보다 잘 아는 그의 조용한 배려였다. 다시 생각해 보니 그는 꾸덕꾸덕한 스파게티보다 얼큰한 국물을 좋아했고, 남들에게 불편한 얘기를 하는 것보다 자신이 조금 불편한 쪽이 편한 사람이었다. 무엇보다 자신만의 견고한 자아가 있는 사람이었다. 어쩌면 나의 강한 성향이 그의 자아를 희미하게 해버린 건 아닌지 많은 생각이 들었다.

오늘만큼은 그의 자아를 존중해주는 현명한 아내가 되고 싶었다.
"오늘 뭐 먹고 싶어?"
"칼칼한 짬뽕 먹고 싶어."
"음…….'
남편은 나의 모호한 표정을 보고 씩 웃으며 말했다.
"아니면 스파게티도 좋아."
나는 환한 미소로 답했다.
"그렇지? 오늘은 스파게티가 더 당기지?"

아무래도 현명한 아내가 되기는 아직 이른 것 같다. 천천히 바꿔야지 갑자기 바꾸면 그도 소스라치게 놀라지 않겠는가.

가만 생각하니 자아가 없는 척 나와 살아주는 그가 이리 고마울 수 없다. 참고로 남편은 자아가 없는 상태로 사는 것이 행복하다며 나에게 굳이 애쓰지 말라고 한다. 하던 대로 하라며……. 아무래도 그의 자아는 천천히 찾는 거로 해야겠다.

전국노래자랑

민족 대명절, 추석이다. 텔레비전에서는 '전국노래자랑' 특집이 방영되고 있었다. 오랜만에 보니 옛날 생각이 났다. 어렸을 적 일요일 낮에는 어김없이 '전국노래자랑'이 틀어져 있었다. 채널의 결정권자는 부모님이었기 때문에 반강제로 볼 수밖에 없었다. 출연자들이 우스꽝스러운 장기 자랑을 하고, 진행자 송해 선생님에게 지역 특산물을 대접하며 천연덕스럽게 홍보하기도 했다. 그 프로를 보며 아버지는 껄껄껄 웃으며 이발관에서 힘들었던 피로를 잊는 듯했다. 어떤 개그 프로그램을 봐도 웃음에 인색한 아버지는 전국 노래자랑에서만큼은 쉼 없이 웃었다. 어머니는 양품점 옷을 먼지떨이로 탁탁 치면서 늘 노래를 흥얼거렸다. 운 좋게 애창곡 김연자의 '개나리 처녀'나 이미자의 '섬마을 선생님'이 나오면 목청껏 따라 불렀다.

그러다 출연자의 실력이 기대에 못 미치면 한참을 아쉬워했다.

"아이고! 박자를 놓쳤네. 감정을 좀 더 살렸어야지. 에라! 내가 저거보다 훨씬 잘 부르겠다."

나는 관전 포인트가 달랐다. 출연자가 아닌 부모님 반응을 보는 것이 오히려 재미있었다. 가게 일로 힘든 부모님이 '전국노래자랑'을 보면서 웃음소리가 쉴 새 없이 들리는 것이 마냥 좋았다. 초등학교 이학년 때, 마을 회관을 지나가는데 플래카드가 보였다.

'KBS 전국 노래자랑 함평군 편'

지금으로 치면 BTS가 오는 것 같다고나 할까?

'헉! 우리 마을에 송해 선생님이 오신다고?'

믿을 수가 없었다. 손꼽아 기다렸다. 전날은 소풍 전날처럼 잠이 쉽게 오지 않았다.

다음날 새벽, 고소한 참기름 냄새에 눈이 떠졌다. 어머니는 김 위에 참기름과 맛소금으로 간을 한 밥을 퍼 놓고, 단무지, 햄, 시금치로 소를 박아 둘둘 말고 있었다. 관람하면서 먹을 김밥을 준비하고 있었다. 잘 떠지지도 않은 눈을 비비며 어머니 옆에 앉았다. 어머니가 김밥을 썰 때 기다렸다가 꽁다리를 민첩하게 집어먹었다. 소풍과 다름없는 풍경이었다. 시간이 한참 남았는데도 서둘러 출발했다. 다행히 앞쪽에 자리를 잡았다. 텔레비전에서만 보던 무대, 카리스마 넘치는 밴드 아저씨들, 그리고 공중을 막 휘젓고 돌아다니는 방송국 카메라까지……. 심장이 사정없이 울렁거렸다. 정수리가 타들어 가는 뜨거운 햇볕도 참을 만했다. 한 시간 정도 지났을까. 드디어 흰색 구두에 흰색 양복을 차려입은 송해 선생님이 푸근한 미소를 지으며 걸어 나왔다. 숨이 멎는 것 같았다. 내 인생에 처음 보는 '연예인'이었다.

일요일 낮에 귀에 딱지가 생길 만큼 수도 없이 들었던 익숙한 오프닝이 흘러나왔다. 맑고 맑은 실로폰 소리가 심장을 강타했다.
"딩동댕동!"
송해 선생님이 관객을 향해 손을 올리며,
"전국-!"
우리 가족은 관객과 함께 큰소리로 외쳤다.
"노래자랑-!"

"빰빰빠 빰빠 빠빠."

스피커 진동에 온몸에 전율이 느껴졌다. 꿈만 같았다. 저 오프닝에 내 목소리가 스며들어 갔다는 사실이……. 현장에서 느끼는 생동감은 실로 엄청났다. 함평군을 대표하는 출연자들이 잘 부르면 내가 다 뿌듯하고, 실수해서 '땡' 소리가 나면 내가 다 안타까웠다. 옆에서 관람 중인 부모님 표정도 나와 같았다. 집에 돌아오는 길에 결심했다. 언젠가 나도 꼭 전국노래자랑에 나가겠노라고. 그래서 가게 하느라 힘든 부모님에게 큰 기쁨을 주겠노라고.

그 후 나는 어느덧 텔레비전 채널 결정권자 즉 '어른'이 되었다. 더는 '전국노래자랑'을 보지 않았다. 제주도 일 년 살이를 하고 있을 때였다. 하루는 딸과 함께 산책하다 익숙한 플래카드를 보게 됐다.

'KBS 전국 노래자랑 서귀포 편'

잊고 살았던 어렸을 적 꿈이 생각났다. 항암 치료 후 힘들게 투병 중인 아버지에게 그리고 간호하느라 지쳐있을 어머니에게 '웃을 일'을 선물해 주고 싶었다.

바로 주민 센터에 가서 접수했다. 지금 아니면 내 인생에서 이런 무모한 도전은 없을 것 같았다. 참고로 애들 어렸을 때 자장가를 불러주면, 가만히 듣고 있던 남편이 난감한 웃음을 짓곤 했다. 그리고는 자장가는 자기가 부르겠다며 내 모성을 자중시켰다. 나에게 싫은 소리 한 번 하지 않은 남편이 그렇게 말했을 때 적잖은 충격을 받았다. 누구보다 치밀한 전략이 필요했다. 노래를 소름 끼치게 잘하는 편이 아니기 때문에 '인기상'으로 목표를 정했다. 혼자 나가면 주목받기 힘드니 여섯 살 딸에게 같이 나가자고 했다. 텔레비전에 나오면 유명해져 친구들이 부러워할 것이며, 동생 몰래 과자도 사주겠다며 온갖 감언이설로 설득했다. 세상 물정 모르는 순진한 딸은 야욕이 넘치는 어머니의 제안을 덥석 받아들였다. 급하게 이 인조 그룹이 결성되었다.

폭발적인 가창력이 필요하지 않으면서 향토색을 드러낼 수 있는 혜은이의 '감수광'으로 정했다. 매일매일 노래 연습을 했다. 딸이 가사를 틀리면 호되게 야단도 쳐 가며 늦은 밤까지 연습했다. 중간에 삐친 딸이 하지 않겠다고 하는 통에 그룹이 해체될 뻔한 위기도 있었다. 다행히 아이스크림을 사줘 가며 그 위기를 잘 극복했다. 노래만 하면 밋밋할 것 같아, 말도 안 되는 라임으로 자작 랩을 만들어 장기 자랑도 준비했다. 지금 하라고 하면 도저히 못 할 민망함의 극치였다. 그야말로 칼을 갈고 또 갈았다.

그토록 기다리던 예심이다. 예상보다 많은 참가자가 대기하고 있었다. 화려한 한복을 입고 장구를 메고 있는 사람, 광목에 감물을 들인 갈옷을 입은 사람, 기타 줄을 능숙하게 튕기며 파트너와 화음을 맞추고 있는 사람, 댄스 음악에 맞춰 칼군무를 추고 있는 학생들까지. 번호표를 받는 순간 깊은 후회가 밀려들었다. 없던 일로 하고 집에 가고 싶었다. 그때 막대 사탕을 물고 있는 딸이 올려다보며 말했다.

"엄마! 걱정하지 마요. 우리 연습한 대로 하면 돼요"

그룹 멤버로서 흔들리고 있는 나를 침착하게 다독여 주었다. 이럴 때는 확실히 솔로보다 그룹이 나은 듯했다.

대충 준비해서 나온 사람은 단 한 명도 없었다. 심사위원들은 매서운 눈빛으로 될 법한 사람을 빨리 추려냈다. 아니다 싶으면 가차 없이 탈락시켰다. 다른 사람의 '땡'을 들으면 심장이 '땡' 하고 쪼개지는 것 같았다. 화장실을 몇 번을 왔다 갔다 했는지 모른다. 발을 동동거리며 내 순서를 기다렸다.

"652번 나오세요."

드디어 내 번호가 호명됐다. 심장 뛰는 소리가 심사위원들에게 들리지 않을까 싶었다. 목을 가다듬고 어색하게 웃으며 한껏 고조된 억양으로 인사를 했다.

"하나, 둘, 셋! 서귀포의 귀요미 모녀 인사드립니다."

인사 후, 장기 자랑으로 준비했던 랩을 부르며, 막춤에 가까운 율동을 췄다. 관객들의 웃는 소리가 들렸다.

'에라! 모르겠다.'

모든 것을 내려놓고 더 격하게 췄다. 춤이 끝나갈 무렵 딸에게 '지금이야'라는 눈빛을 보냈다. 딸은 긴장하지 않고 안정된 음으로 본인 부분을 완벽하게 마쳤다. 심사위원들이 아빠 미소로 흐뭇하게 보고 있었다. 희망이 보였다. 될 것 같았다. 딸 노래가 끝나고 드디어 내 차례가 왔다. 심장이 터질 것 같았다. 숨을 크게 들이쉬며 시작했다.

"바람 부는 제주에는……"

첫 소절 떼기가 무섭게, 듣고 싶지 않은 말이 들렸다.

"수고하셨습니다."

야박하게 그들은 이 한마디로 모든 상황을 종료시켰다. 목, 얼굴, 귀 그리고 두피까지 순식간에 차례대로 빨개지는 것을 느낄 수 있었다. 황급히 고개를 숙이며 내려가는데 듣지 말아야 할 심사위원의 말을 듣고야 말았다.

"딸은 잘했는데 어머님 때문에⋯⋯."

'하! 정말 너무 하십니다.'

그렇게 애절한 꿈은 수포로 돌아갔다.

그날 저녁, 예심 동영상을 부모님께 보냈다.

"우리 딸! 장하다! 엄마 아빠 마음속 대상이다!"

그 동영상을 몇 번이고 보면서 두 분이 한참을 껄껄껄 웃었다고 한다. '전국'이 아닌 '두 분'에게만 선보인 노래자랑은 내 인생의 '흑역사'이자 '후회 없는 도전'이었다. 아버지 살아계셨을 때, 민망하기 짝이 없는 내 재롱을 보여주었던 것이 두고두고 참 잘한 일인 것 같다. 모름지기 진정한 가수는 단 한 명의 팬을 위해서라도 노래를 부를 수 있어야 하지 않겠는가. 한 명도 아닌 두 명의 팬이 내 무대를 보고 충분히 행복해했으니 그걸로 만족한다.

그걸로⋯⋯ 충분하다.

악필이어도 괜찮아

"글씨는 마음의 창이다."

글씨 따위를 보고 그 사람 마음을 본다고? 내 참. 가장 어이없는 말이다. 그야말로 성급한 일반화의 오류다. 나는 심한 악필이다. 초등학교 노트 검사 때 노트를 돌려받으면 늘 한숨이 나왔다. 선생님은 글씨 잘 쓰는 학생에게는 노트에 빨간 동그라미를 다섯 개 그려주시곤 했다. 다섯 개가 가장 높은 점수다. 나는 기껏해야 '세 개'였다. 그 이상을 받아 본 기억이 없다. 다섯 개가 풍성하게 그려진 친구 노트를 힐끔 보면서 내 노트를 급하게 책상 서랍 안에 넣곤 했다. 내 글씨는 읽는 사람의 미간을 찌푸리게 했다. 중학교 때 친한 친구가 내 글씨를 보며 기초부진아 글씨 같다며 걱정하는 건지 먹이는 건지 아무튼 심각하게 말한 적도 있다. 글씨는 큰 '콤플렉스'였다. 그때마다 미래에는 컴퓨터로 손 글씨를 대체할 날이 올 거라며 호기를 부렸다.

대학교 때였다. 중간고사 때 손목이 아릴 정도로 열심히 써서 답지를 제출했는데 B 플러스 학점을 받았다. A 플러스 학점을 받아도 충분히 성실한 내용이었다. A 학점 받은 친구와 썼던 내용을 비교해 보니 별로 다를 게 없었다. 점수 이의 제기 기간에 교수님을 찾아가 조심스럽게 의견을 말했다.
"죄송한데, 제 학점이 왜 B 학점인지 알고 싶습니다. 내용을 빠뜨리지 않고 다 썼는데……."
조용히 듣고 있던 교수님은 내 시험지를 찾아 읽어봤다. 긴 한숨을 쉬며 미간을 찌푸렸다. 슬프게도 그 순간 어떤 말이 나올지 예상할 수 있었다.
"내용이 아무리 좋아도 제대로 읽을 수도 없는 글씨체야. 성의 있게 썼어야지."
성·의·없·는·글·씨
억울했지만 그날 아무 반박도 못 하고 바로 사과를 하고 나왔다. 밤새워 공부한 노력은 말짱 꽝이었다. 남이 봤을 때는 아무렇게나 휘갈겨 쓴 '성의 없는' 글씨였다.

그때 마음의 상처로 글씨체 공부를 열심히 했다면 지금 이 글을 쓰고 있지 않을 것이다. 악필 교정하는 책도 사서 연습도 했지만, 쉽게 고쳐지지 않았다. 그렇다. 지금도 여전히 악필이다. 컴퓨터로 손 글씨를 대체하는 그토록 고대했던 시대에 살고 있다. 하지만 불행히도 손 글씨를 써야만 하는 일은 종종 있다. 병원 초진 접수를 하면 간단한 인적 사항을 손 글씨로 적어야 한다. 다 쓴 초진 접수 쪽지를 내밀고 반응을 기다린다. 불안하다. 일 초, 이 초, 삼 초. 원무과 직원은 도통 모르겠다는 표정으로 확인한다.

"적어주신 글자가 이게 맞나요?"

'왜 슬픈 예감은 틀린 적이 없을까?'

그뿐인가! 신학기가 되면 학부모용 설문지가 쏟아진다. 다 남편 몫이다. 아이들에게까지 못난 어미의 글씨체로 주목의 대상이 되게 할 수는 없다. 어머니를 어머니라고 쓰지 못하는 내 심정을 누가 알까.

이토록 필체가 자신이 없다면 되도록 못난 필체를 보이는 일은 최대한 자중해야 맞다. 하지만 '확실한 대상'에게는 마음 놓고 쓴다. 나에게 '확실한 대상'이란 필체 따위로 나의 품격을 판단하지 않을 사람들이다. 우선 사랑하는 가족이다. 아이들 소풍 가는 날, 도시락 메뉴보다 어떤 색깔 색종이로 편지를 쓸까 더 고민한다. 둘째 녀석 초등학교 입학식 전날은 만감이 교차하여 혼자 훌쩍거리며 눈물 젖은 편지를 필통에 넣어두기도 했다. 별거 아닌 일로 감정에 치우쳐 첫째에게 혼을 냈던 적이 있다. 그날 울면서 잠든 아이를 보며, 용서를 구하는 편지를 베개 옆에 두었다. 특별한 기념일이 아니어도 남편에게도 '자기만큼 멋있는 남편은 없어'라며 재킷 주머니에 쪽지를 넣어 뜬금없는 고백을 한다.

담임을 맡으면 생일을 맞이한 학생에게 선물과 함께 꼭 손편지를 전한다. 웬만한 남자 중학생보다 더 악필인 담임 선생님의 글씨체가 민망하지만 뭐 괜찮다. 선생님의 지나치게 완벽한 모습은 좋은 교육이 아니다. 예쁜 글씨가 아니어도 선생님의 손 편지가 싫지 않은 내색이다.

'행복 부채'

나의 악필 집결체라고 할 수 있다. 가족, 친구, 가까운 지인 즉 내 허물이 전혀 부끄럽지 않은 사람에게만 선물하는 나만의 필살기다. 최성애 박사님의 '회복 탄력성'이란 연수에서 배운 방법이다. 하얀 한지 접선 부채에 접선마다 세로로 그 사람의 강점을 써 내려간다. 대략 스물다섯 칸에 그 사람의 장점으로 부채를 채운다. 부채를 접었다가 쫙 펼치면 공작새가 날개를 펼치는 것처럼 감격적이다. 누군가가 나도 잘 모르는 장점을 스무 개 넘게 적어줬다는 것에 훌륭한 필체가 아니어도 전혀 언짢아하지 않는다. 적어도 내 앞에서는……. 금은보화 선물보다 더 귀한 선물이라며 행운의 부적처럼 가지고 다닌다.

며칠 후면 어머니 생신이다. 몇 달 전 메니에르병이 재발했다. 메니에르병은 메스꺼움을 느끼면서 갑자기 평형감각을 잃고 현기증을 일으키는 병이다. 세상이 온통 빙빙 도는 것 같은 어지럼증이 시작되면 온몸에 식은땀이 쏟아져 나온다고 했다. 어머니는 시간이 지나도 나을 기미가 안 보인다며 우울해했다. 어떻게 하면 조금이라도 활기를 찾는 데 도움이 될까 고심했다. '행복 부채'가 생각났다. 하얀색 한지 접선 부채

하나를 샀다. 우선 빈 종이에 어머니의 장점을 생각나는 대로 적어보았다. 스물다섯 칸을 다 채우고도 남을 만큼 많은 강점이 나왔다.

'누구보다 내면이 강인하다.'
'자녀에게 늘 자신감을 준다.'
'요리 솜씨가 훌륭하다.'
'유머 감각이 탁월하다.'
'소녀 감성이 풍부하다.'

날 낳아주고 키워준 어머니의 장점을 이토록 진지하게 생각해본 적이 있나 싶다. 손에 힘을 꽉 주고 검정 네임펜으로 접선마다 장점을 수놓듯이 마음을 담아 하나하나 채워나갔다. 한지에 머무는 시간이 조금만 더해도 펜 잉크가 울퉁불퉁 번져버렸다. 크게 숨을 들이마시며 쓰고, 내쉬며 마쳤다. 들숨과 날숨, 숨결에 따라 정성껏 채워나갔다. 손에 땀이 흥건했다. 생신 때 예쁜 포장지로 싸서 수줍게 행복 부채를 내밀었다.

"짜잔! 식은땀 날 때마다 이 부채로 마음껏 부쳐!"

어머니는 어떻게 이런 기발한 생각을 했냐며 간만에 환한 웃음을 보였다.

"이제 어지러워도 기분 좋게 어지럽겠네."

연신 부채를 펼쳐 보이며 흐뭇해했다.

그 후 몇 달 뒤, 어머니와 여행하는 도중 어머니 손가방에서 행복 부채를 발견했다.

"아직도 더워서 가지고 다니는 거야?"

"아니! 사람들한테 자랑하려고."

읽으면서 미간이 좀 찌푸려지면 어떠한가. 내 알 바 아니다. 악필일지언정 마음을 거침없이 표현하며 살고 싶다. 무엇보다 콤플렉스를 과감하게 보여줄 수 있는 사람들이 있다는 것이 얼마나 감사한 일인가. 악필이어도 괜찮다.

헤픈 여자

나는 헤픈 여자다. 가장 잘하는 것이 감탄이다. 중학교 때 친구들과 프라이드치킨을 시켜 먹었다. 튀기면 신발도 맛있다고 하지 않던가. 한 조각 입에 넣는 순간 감탄이 절로 나왔다. 기름진 맛은 그야말로 황홀했다. 허겁지겁 닭 날개 하나를 해치우고 누가 집어 갈까 날쌔게 가슴살 부위를 입에 넣으며 말했다.

"카! 이 치킨 너무 맛있지 않냐?"

"……."

친구들의 표정을 봤다. 감격하면서 맛있어서 어쩔 줄 몰라 하는 나를 어이없게 쳐다보았다.

"와! 태어나서 이렇게 맛없는 치킨은 처음이다."

다들 더는 못 먹겠다며 고개를 저으며 치킨을 내려놓았다. 심지어 어떤 친구는 입맛만 버렸다며 속이 울렁거린다고 했다.
'난 진짜 맛있는데……'
그날 친구들의 배려(?)로 일인 일 닭을 했다. 친구들은 이렇게 형편없는 치킨을 맛있게 먹는 나를 신기해하고, 나는 이렇게 훌륭한 치킨이 맛없다고 먹지 않는 친구들을 신기해했다.

고등학교 때, 집에 가는 버스에서 친구와 수다를 떨고 있었다. 이야기 도중에 친구가 시답잖은 농담을 했다.
"어머! 정말? 정말?"
맞장구를 쳐가며 숨이 넘어갈 듯 큰 소리로 웃었다. 갑자기 버스가 급하게 섰다. 몸이 앞으로 쏠렸다.
"어이! 학생! 내려!"
그때도 연신 히죽거리며 친구와 이야기를 계속하고 있었다. 기사님은 아까보다 훨씬 신경질적으로 소리쳤다.
"거기 빨간 가방 여학생! 안 들려? 내리라고!"
'빨간 가방'
살짝 불안했지만 나 말고 빨간 가방은 분명 있을 거로 생각했다. 아니 믿고 싶었다. 주변을 둘러보았다. 불행히도 빨간 가방은 보이지 않았다. 몇몇 사람들이 나를 보기 시작했다.

'설마 저는 아니겠지요?'라는 순진무구한 표정으로, 기어들어 가는 목소리로 말했다.

"저… 저요?"

"이거야 원 시끄러워서. 당장 내려!"

친구에게 이별을 고할 틈도 없이 귀까지 빨개진 채 후다닥 내렸다. 내려 보니 집에서 네 정거장이나 떨어진 곳이었다. 집까지 터벅터벅 걸어가는데 한숨이 나왔다. 혼자 중얼거렸다.

'휴…… 너무 재미있는데 도대체 어떻게 웃음을 참으라고…….'

대학교 때 친구들과 영화를 보러 갔다. 영화가 끝나고 불이 켜졌다.

"그냥 그러네."

"기대만큼은 아닌데?"

다들 영화가 지루하다고, 돈이 아깝다고 말할 때, 이미 내 코는 고주망태처럼 빨갛게 물들고, 눈은 벌에 쏘인 것처럼 팅팅 부어있었다. 펑펑 눈물을 쏟기에 충분히 감동적인 영화였다. 적어도 나에게는.

"카! 이 치킨 너무 맛있지 않냐?"

"어머! 정말? 정말?"
"아! 이 영화 진짜 감동이야!"

맛없는 치킨에도, 시답잖은 농담에도 그리고 지루한 영화에도 늘 감탄사를 연발한다. 세상 사람 모두 별 반응이 없는데, 나만 혼자서 난리다. 지인들은 내가 식당이나 영화를 추천하면 귀담아듣지 않는다.
"네가 하는 말은 도무지 믿을 수가 없어."
신뢰를 잃었다. 나에게 세상은 다 감탄할 것 투성이었다. 덕분에 누군가가 나를 감동하게 하는 것은 일도 아니었다. 정말이지 헤프고 쉬운 여자였다.

남들이 말하는 '어른'이 되고 난 후, '헤픈 성격'은 '약점'이라는 것을 서서히 자연스럽게 인정하게 됐다. 씁쓸했지만 '헤픈 성격'은 감춰야 하고 바꿔야 하는 '약점'이었다. 사회에서 요구하는 덕목과 일치하지 않는 듯했다. 사회생활에서 마음 드러내놓고 감탄하면 손해 보는 느낌을 떨칠 수가 없었다. 호들갑을 떨고 싶은 순간에도 단전에서 식도까지 타고 올라오는 감탄을 '으흠' 하며 꾹 참아야 했다. "꺄! 너무너무 좋아."라며 감탄사 몇 번 나가고, 발 동동 구르고, 손뼉 쳐가며 방정맞게 웃고 싶은 순간에도 무덤덤한 표정으로 "음……. 좋네." 하며 무진장 애쓰며 살아야 했다. 나답지 않았다. 마치 코가 간지러워 미칠 것 같은데 시원하게 재채기 한 번 못하고 사는 듯했다. 개운하지 않고 찜찜했다.

그런 나에게 '헤픈 성격'을 마음 놓고 내보일 수 있는 유일한 존재가 생겼다. 바로 '가족'이다.

"꺅! 어머나! 나의 사랑 너의 사랑 내 아들이 직접 만든 볶음밥이야? 엄마보다 백 배 나은데?"

"대박! 이게 진짜 나의 사랑 너의 사랑 내 딸이 쓴 소설이야? 뭉클해서 펑펑 울었잖아."

"세상에! 자기 에디슨 아니었어? 거실 등이 자기 덕분에 완전 환해졌어."

하루에도 별거 아닌 것에 백 번 넘게 반응해주고 감탄해준다. 그들은 이런 내 모습을 누구보다 좋아해 준다. 오히려 감탄이 싱거우면 서운해한다. 자의 반 타의 반 감탄하는 반응은 매년 업그레이드된다. 매번 같은 표현이면 싫증 날 수 있으니 몰래 참신한 표현을 공부하며 고민한다.

한때는 약점이라고 생각했던 헤픈 성격이 이렇게 고마울 수가 없다. 별거 아닌 일도 함께 감동하다 보니 그 행복이 배가 되어 돌아온다. 하루는 남편에게 물었다.

"나랑 결혼하고 나서 뭐가 제일 좋아?"

"음……. 사랑받고 사는 거."

'푸흡' 웃음이 나왔다. 결혼한 지 십 년이 넘었지만, 청소, 빨래, 요리까지 온갖 집안일은 남편 담당이다. 살림을 전혀 할 줄 모르는 아내를 만나 머슴처럼 일만 하고 사는데 사랑받는다고? 궁금한 마음에 이유를 물었다.

"나만큼 아내한테 칭찬받고 사는 남자는 없을걸?"

화분에 매일 정성껏 물을 주듯 십 년 넘게 "대단하다" "멋지다"라는 감탄사를 매일 듣고 사는 남자는 자기밖에 없을 거라고 했다. 밖에서 무미건조한 이야기만 듣다가, 집에 오는 순간 감탄을 넘치게 들으면 절로 자존감이 올라간다며 말하는 내내 어깨가 심하게 올라가 있었다.

"오늘의 행복 점수는 몇 점입니까? 두구 두구 두구!"

두 아이는 현관에 서서 '행복 점수 인터뷰'를 거쳐야만 들어올 수 있다. 좋아하는 친구와 짝이 되지 못해 구십 점인 날도 있고, 재미있는 게임을 해서 백 점인 날이 있는가 하면, 급식이 맛있어서 무려 천 점인 날도 있다. 아이들은 행복 점수에 대해 재잘거리며 내 품으로 안긴다.

"우와! 진짜? 정말? 그랬구나!"

하는 거라고는 '감탄' 그것밖에 없다. 고작 엄마의 감탄을 듣기 위해 사춘기가 시작된 나이에도 사생활이라고는 찾아볼 수 없을 만큼 자신의 하루를 미주알고주알 말해준다. 눈물 나게 고마울 따름이다.

전생에 나라를 구해서 이렇게 사랑스러운 아이들이 왔나 싶을 정도로 두 아이에게 콩깍지가 제대로 씐 엄마다. 오래전부터 고민하는 것이 있다.

'내가 이 세상에 없을 때 아이들에게 꼭 물려주고 싶은 한 가지는 뭘까?'

딱 하나만 고른다면 바로 '행복을 헤프게 느끼는 능력'이다. 아이들이 평범한 일상을 남들보다 더 유난을 떨며 자신의 하루에 특별한 의미를 부여하며 살았으면 좋겠다. 누구보다 행복을 느끼는 일이 버겁지 않았으면 좋겠다. 매일 보는 하늘이지만, 매번 하늘을 보며 쉼 없이 감동했으면 좋겠다. 매일 보는 가족이지만 서로 사랑한다며 감탄하고 살았으면 좋겠다. 매일 겪는 일상을 호들갑 떨면서, 가볍게 그리고 헤프게 살았으면 좋겠다. 주변에 감사하고 감격할 거리가 천지인 하루를 덤덤하게 살기에는 인생이 아깝지 아니한가. 이제는 '헤픈' 성격이 부끄럽지 않다.

누가 뭐래도 나는 헤픈 여자다.

파티광

"애들아! 오늘은 평상에서 수박 파티할까?"
"목욕하고 호빵 파티하자!"
어렸을 적 흥이 많은 어머니는 늘 '파티'라는 말을 즐겨 사용하였다. 평범하게 먹을 수 있는 호빵을 '호빵 파티'라고 명명하는 순간, 가슴은 콩닥콩닥 뛰었다.

아버지 이발관이 끝나면, 어머니는 셔터를 내리고 사 남매 목욕을 위한 준비를 했다. 알루미늄 들통에 물을 팔팔 끓인 후, 큰 빨간 고무대야에 뜨거운 물을 부었다. 수증기가 펄펄 나는 뜨거운 물에 차가운 물을 섞어, 걷어붙인 팔로 휘휘 저어 적당한 온도로 만들었다. 우리 사 남매는 내복만 입은 채로 자신의 순서를 기다렸다. 오빠, 언니, 나 그다음으로 남동생이었다. 어머니는 준비가 다 됐다 싶으면 순서대로 호명했다. 오빠, 언니 다음으로 이미 오염된 물에 들어가는 것이 탐탁지 않았다. 거기다 때가 많이 나오면, 어머니 매운 손으로 사정없이 피부가 혹사당할 것이 분명했다. 하지만 호빵 파티를 기다리는 설레는 마음 덕분에, 세 번째로 탁한 물에 들어가는 것도, 피부가 매섭게 혹사당하는 것도 기꺼이 받아들일 수 있었다. 나보다 더 열악한 상황에 투입되는 남동생도 전혀 개의치 않아 했던 것으로 기억한다. 우리는 모두 한마음이었다.

호·빵·파·티

묵은 때를 벗겨 말끔해진 우리는 시키지 않아도 스스로 내복을 재빨리 입었다. 두툼한 내복으로 갈아입은 사 남매는 볼딱지가 빨간 채 안방에 둘러앉았다. 모두 눈을 끔뻑거리며 안방 문 쪽만 하염없이 바라보고 있었다. 미처 머리는 다 말리지 못해 젖은 채로……. 바로 그때, 어머니는 그토록 기다리던 호빵과 함께 등장했다.

"짜잔! 이제 호빵 파티하자!"

사 남매의 간절한 염원을 익히 알고 있는 어머니 역시 머리를 미처 다 말리지 못해 젖어 있었다. 호빵을 보고 사 남매의 눈은 호빵만큼 커졌다. 그 모습을 본 어머니는 환하게 웃었다.

찜통 수증기로 촉촉이 쪄낸 단팥 호빵을 냄비째 가져왔다. 침만 꼴깍꼴깍 삼키며 모두 자기 순서를 기다렸다. 김이 모락모락 나는 호빵을 맨손으로 반으로 쪼개, 호호 불어 분주하게 순서대로 나누어 주었다.
"뜨거우니 후 불어서 먹어라."
어머니 말투에 분주함이 묻어 있었다. 반으로 찢어진 호빵을 양손에 받아들고 숨을 크게 들이마셨다. 세상을 다 가진 듯했다. 한 입 베어 무니 팥의 달콤한 맛이 입안에 가득 퍼졌다.
"하……."
입에서 김을 용처럼 뿜어낸 후, 입안에서 이리 굴리고 저리 굴려 최대한 식혔다. 재빨리 식힌 다음 두세 번 씹어 드디어 꿀꺽 삼켰다. 그토록 오랜 기다림 끝에 맛봤던 호빵 맛은 말해 무엇 하겠는가! 지금도 '호빵 파티'를 생각하면 가슴 속에 따뜻한 기운이 퍼진다.

'파티'라는 단어 하나만 붙였을 뿐인데, 평범한 일상은 특별한 순간으로 바뀌어 있었다. 돈 한 푼 들이지 않고 행복해질 수 있는 묘한 마법이었다. 결혼 후 두 아이 엄마가 되었다. 그 피가 어디 가겠는가. '청출어람'이라고 '파티'란 단어를 '애용'을 넘어서 '남용'하는 엄마가 됐다. '파티광'이 되었다. 신기하게 부작용은 1%도 없었다. 큰돈 들이지 않고 왕창 행복해질 수 있는 나만의 요술 방망이라고나 할까. 우리 집에서 무분별하게 '남용'되는 파티의 실상을 낱낱이 공개하겠다.

첫 번째로, 일명 '먹거리' 파티다. 아이들이 좋아할 만한 먹거리에 '파티'를 붙인다. 삼겹살 파티, 치킨 파티 그리고 피자 파티까지 죄다 '파티'를 붙인다. 아이스크림도 그냥 사는 법이 없다.

"오늘은 아이스크림 파티하는 날!"

유쾌한 '솔' 톤으로 말을 하면, 아이들은 폴짝폴짝 뛰고 엉덩이를 씰룩씰룩 움직이며, 온갖 흥을 몸으로 표출한다. 베란다에 빙 둘러앉아 오늘 있었던 일들을 도란도란 이야기하며 먹는다. 그날 아이들은 일기장에 대단한 이벤트가 있었던 것처럼 쓴다.

'오늘은 아이스크림 파티해서 행복 점수가 천 점이다.'

천 원도 안 되는 막대 아이스크림으로 한껏 생색낼 수 있다. 이렇게 쉽게 점수 따는 방법이 또 어디 있겠는가!

두 번째로, 한 달에 한 번 하는 '가족회의 파티'다.
"오늘은 가족회의 파티하는 날!"
말이 떨어지기가 무섭게, 아이들은 능숙 능란하게 파티 준비에 들어간다. 한두 번 해본 솜씨가 아니다. 딸은 찬장 두 번째 칸에서 와인 잔 네 개를 꺼낸다. 냉장고에서 포도 주스를 꺼내 소믈리에처럼 와인 잔에 격을 갖춰 우아하게 따른다. 아들은 요즘 피아노 학원에서 배우고 있는 이루마 연주곡을 틀어놓는다. 나는 아이들이 좋아할 만한 과자 몇 개 뜯어서 예쁜 접시에 담아 놓는다. 마지막으로 남편은 라벤더 향초와 라이터를 찾아 불을 붙인다. 사인 가족이 합심해서 후다닥 움직이면 몇 분 만에 '파티'하기에 딱 좋은 분위기가 된다. 가족회의라고 해봤자 싱거울 정도로 별거 없다. 소소한 일상 이야기를 하다가, 서로 칭찬해주기 릴레이 게임했다가, 밑도 끝도 없이 끝말잇기 게임을 한다. 도대체 주제나 맥락 따위는 찾아볼 수 없다. 그날은 일찍 자기 그른 날이다. 아이들은 그 별거 없는 '가족회의 파티' 날짜를 달력에 빨간 색연필로 동그라미를 해놓는다.

세 번째로 '생일파티'다. '파티'라는 말이 어울릴 정도로 제법 규모가 크다. 우리의, 우리에 의한, 우리를 위한 생일파티다. 쉽게 말해 '우리 방식대로' 마음껏 즐긴다. 우선 십 년째 쓰고 있는, 이제는 너덜너덜해진 천 원짜리 플래카드를 거실 벽에 테이프로 붙여놓는다. 'Happy Birthday'에서 'y'가 떨어졌지만, 다행히 아이들은 눈치 못 챈 것 같다. 아이들은 폐활량을 있는 힘껏 끌어모아 풍선을 빵빵하게 분다. 거실 소파, 테이블 그리고 현관문까지 나름의 미적 감각을 살려 알록달록 풍선을 붙여놓는다. 역시 연회 분위기 내는 데는 풍선만 한 게 없다. 남편은 생일 축하 노래만 여러 버전으로 무한 반복 틀어놓는다. 생일만큼은 평소 먹지 못했던 음식을 배달 앱으로 상다리 부러지기 직전까지 시킨다. 이모님들의 손맛이 듬뿍 담긴 음식이라 맛도 좋다. 가족들의 만족도는 내가 한 음식보다 훨씬 높다. 뭐든 쉽게 해야지 다음에도 즐거운 마음으로 할 수 있다. 그 핑계로 시댁과 친정 식구들을 초대한다. 오래간만에 서로 얼굴 보며 안부를 묻고 이야기를 나눈다.

딸의 영상 초청장을 받은 친척들이 도착한다. 금세 집이 시끌벅적해진다. 도착한 사람들은 딸이 준비한 방명록에 간단한 축하 인사를 적고 입장한다. 진행을 맡은 딸은 연필로 삐뚤빼뚤 적어놓은 식순을 보면서 진행한다.

"바쁘신데 이렇게 와주셔서 감사합니다! 지금부터 저의 생일파티를 시작하겠습니다!"

초등학교 일학년 때부터 진행을 도맡아 해 온 딸이 지금 육학년이 되었다. 진행 경력만 육 년이다. 전교 학생회장 선거에서 압도적인 표로 당선됐다. 모르긴 몰라도 연설이 큰 역할을 한 듯하다. 조기교육의 효과다. 이후 아이들의 장기 자랑이 이어진다. 딸은 음 이탈이 대부분인 바이올린 연주를, 아들은 '다시'만 벌써 세 번째인 태권도 품새를 선보인다.

마지막은 '보물 찾기' 시간이다. '안아주기 열 번' '소원 들어주기' '노래하기' 돈 한 푼 들이지 않고 점수 딸 수 있는 것을 적어 구석구석 숨겨 놓는다. 장난기가 발동하여 '꽝'도 몇 개 넣어 둔다. 백화점 상품권도 아닌 이 보물을 찾기 위해 모두 혈안이 되어 찾는다. 몇 분 후 희비가 갈린다. 보물을 찾은 한 쪽에서는 기쁨의 환호성이, 못 찾은 쪽에서는 아쉬움의 탄식이, 그리고 기껏 찾았는데 '꽝'을 찾은 쪽에서는 허탈한 헛웃음만 들린다.

"찾았다!"

누가 보면 로또라도 당첨된 줄 알겠다. 내 생일 때 남편이 숨겨 놓은 '언제든 혼자 여행 가기' 보물을 찾아 요긴하게 사용했던 적이 있다. 꽤 어수선한 생일파티를 모두가 기다린다.

이쯤 되면 왜 파티광이 됐는지 이해할 수 있을 것이다. 인생이 매번 꽃길일 수 없다는 것을 불혹이 넘은 지금은 잘 알고 있다. 어린 시절 '호빵 파티'는 행복이란 소소한 일상에서 충분히 찾을 수 있는 거라고 얘기해주고 있었다. 행복이 대단한 것에서 찾는 거라고 했다면, 일찌감치 마음을 접었을지도 모른다. 일상에서 찾는 행복은 해볼 만하다고 생각했다. 다름 아닌 내 유년 시절, 그리고 지금 내 일상이 그 명백한 증거다. 오늘은 퇴근길에 아들이 좋아하는 젤리를 사서 '젤리 파티'를 해야겠다.

'후후! 오늘 점수 좀 따겠군.'

깃발이 꽂힌 목표지점에 힘들게 도달했으면
한없이 행복해야 하는데
뭔지 모를 공허함이 느껴졌다.

'왜 단 한 번도
내 인생에 대해 의문을 가지지 않았을까?'

2부
'사춘기'는 반갑지 않았다

나의 제주, 보물섬

달리는 차를 멈추고 내렸다. 있는 힘껏 바다 공기를 들이마셨다. 먹먹했던 가슴이 푸른빛으로 번지는 듯했다. 얼굴이 얼얼할 정도로 이월의 추운 겨울 바다를 우리는 한참을 아무 말 없이 보고 있었다. 우리의 '보물섬'을…….

어른들이 하지 말라는 것은 하지 않았다. 한눈팔지 않고 소위 말하는 '모범생 코스'로 별 탈 없이 잘 살아왔다. 굳이 하지 말라는 것을 기어코 하는 사람들을 이해하기 힘들었다. 학창 시절 늦지 말라고 하면 제시간에 오면 될 것을, 굳이 늦게 와서 혼나는 친구들을 도통 이해할 수 없었다. 부모님이 하라는 대로, 선생님이 지시하는 대로, 사회가 원하는 대로 하면 마음이 놓였다. 그들이 만들어 준 안전한 울타리를 벗어난다는 것은 감히 생각해본 적이 없었다. 안전한 울타리를 벗어나는 것은 '낙오자'라고 생각했다. 낙오자가 되지 않기 위해 사회가 생각하는 방식대로 '열심히' 살았다. 고등학교만 졸업하면 대학교, 대학교만 졸업하면 임용고시 합격, 교사가 되면 결혼, 결혼하면 출산과 육아. 열심히 산 덕분에 그토록 바라던 교사가 되고, 세상 어디에도 없는 내 사람을 만났다. 그리고 모든 것을 주어도 아깝지 않을 아이 둘까지. 사회적 '알람'을 충실히 지킨 뿌듯한 결과였다.

깃발이 꽂힌 목표지점에 힘들게 도달했으면 한없이 행복해야 하는데 뭔지 모를 공허함이 느껴졌다. 나밖에 모르는 남편에, 눈에 넣어도 아프지 않을 딸 아들에, 남들이 부러워하는 직업까지 그토록 꿈꾸던 상황에서 이유 모를 이 감정은 불편하고 낯설었다. 처음 느껴보는 이 이질적인 감정을 어떻게 대해야 할지 답답했다. 가슴에 괴상하게 생긴 돌덩이 하나가 얹혀 있는 듯했다. 고약한 기분이었다.

'왜 단 한 번도 내 인생에 대해 의문을 가지지 않았을까?'
십 대에 겪어야 할 사춘기를 삼십 대 초반에 겪게 됐다. 처음으로 나는 누구이고, 어떻게 살아야 하는지 질문하기 시작했다. 사회적 알람을 어긴 뒤늦은 '사춘기'는 반갑지 않았다. 몸과 마음이 다 휘청일 만큼 후폭풍이 만만치 않았다. 답도 없는 이런저런 걱정으로 밤이면 잠드는 것이 힘들었다. 어느 날 거울을 봤다. 아무리 쥐어짜도 물 한 방울 나오지 않는 마른 오징어처럼 생기 없고 볼품없는 사람이 보였다.

'그토록 바라던 퍼즐이 완성됐는데 왜 웃지 못할까?'

지금 중간 점검을 하지 않으면, 다 완성된 퍼즐을 보고도 평생 웃지 못하는 바보로 살 것 같았다. 우선은 쉬고 싶었다. 생각해 보니 제대로 쉬어 본 적이 없었다. 임용고시를 준비하면서 사람이 기본적으로 누려야 할 것들을 다 포기하고 살만큼 치열하게 살았다. 교사가 된 후, 생각했던 것과 달랐던 학교 현장에서 수많은 시행착오를 지나며 성장통을 겪었다. 결혼 후 바로 연년생 아이를 낳아 키우면서 직장과 육아를 병행하느라 늘 피곤했다. 모유 수유 때문에 잠을 거의 자지 못해 늘 몸은 지쳐있었다.

문제는 쉬어야 할 것 같은데 어떻게 쉬어야 할지 아무도 말해주지 않았다. 계속 그랬던 것처럼 '직진'만 해야 할 것 같았다. 늘 해오던 직진이 나에게는 힘들어도 익숙했다.

'남들도 다 이렇게 살아도 잘 사는데 나만 유난 떠는 건가?'

대학교 때 휴학하는 친구들을 한심하게 생각했다. 앞만 보고 열심히 달려도 될까 말까 한 시간 싸움에 일 년을 쉰다는 것은 엄청난 손해라고 생각했다. 그때 '손해'라고 생각했던 그 '쉼'이 지금 나에게는 간절했다. 잠이 쉽게 오지 않은 어느 날, 남편에게 고민을 이야기하다 감정에 복받쳐 꺼이꺼이 울었다. 누구보다 내 고민을 잘 알고 또 마음 아파했던 남편은 함께 제주도 교환 신청을 해보자고 제안했다. 환경을 바꾸어 보는 것도 나쁘지 않을 것이라는 의견이었다. 생각지도 못한 제안이었다. 당혹스러웠지만 해보고 싶었다.

분명 내 인생의 정상 궤도를 벗어나는 일이었다. 앞뒤 생각 안 하고 무작정 신청했다. 제주도에서 우리 시로 오려는 사람이 있어야 가능했고, 그래서 한 번에 되기는 힘들었다. 하지만 지금 상황에 뭐라도 시도하지 않으면 안 될 것 같았다.

'엄마 결정으로 갑자기 바뀔 환경에 아이들이 잘 적응할까?'

'직장에서 갑자기 제주도 간다고 하면 이상하게 생각하지

않을까?'

'여기 집은 어떻게 하고, 짧은 시간에 갑자기 제주도 집은 어떻게 구하지?'

'손주들 봐주며 애써 준 시어머니는 얼마나 서운하실까?'

'지금 항암 치료 중인 아버지와 친정 식구들은 나를 얼마나 철없게 생각할까?'

예전 같으면 머리 싸매고 고민할 문제들이 크게 다가오지 않았다. 나답지 않게 아무 생각 없이 저질렀다. 지금 생각하면 '살려고' 그랬던 것 같다.

간절함이 전해졌을까? 남편과 함께 신청은 했지만 안타깝게도(?) 나는 교환이 되지 않고, 남편만 일 년간 교환이 결정됐다며 전화가 왔다. 이렇게 감사할 수가. 전화를 끊자마자 집이 떠나가라 환호를 지르며 남편을 부둥켜안고 폴짝폴짝 뛰었다.

"어쩔 수 없이 육아 휴직을 해야겠네?"

호탕한 엄마 웃음소리에 깜짝 놀란 딸이 딸꾹질했다. 생각지도 않았던 육아 휴직을 신청하면서, 내 인생 첫 '쉼'을 반강제적으로 갖게 됐다. 쉬지 않고 달려온 살아온 나에게 이제 조금 쉬었다 가도 된다고, 누군가 일 년을 통 크게 선물해 주는 것 같았다.

우리는 어떤 일을 결정하기 전에는 수많은 걱정으로 주저한다. 하지만 일단 일이 저질러지면 그 걱정은 무색해진다. 어떻게든 다 된다. 오히려 아이들은 매일 바다에서 놀 수 있다며 친구들에게 자랑하기 바빴다. 집은 일 년만 비우는 거라 방 하나에 모든 살림을 넣어두고, 남아 있는 거실과 방만 월세로 내놓았다. 오전에 내놓았는데 오후에 계약했다. 동시에 제주도 집은 남편 학교 선생님 소개로 서귀포에 작은 집을 운 좋게 계약했다. 시댁과 친정 식구들에게는 신청하게 된 사정을 솔직하게 말했더니 흔쾌히 다녀오라며 격려해주었다. 시어머니는 아이들이 자연과 벗 삼아 지낼 좋은 기회라며 좋아하셨다. 친정아버지는 딸 덕분에 제주도 여행 갈 수 있겠다며 걱정하지 말라며 오히려 다독여 주었다. 직장 동료들은 어떻게 그런 멋진 생각을 했냐며 마음을 다해 축하해주었다. 그때 알았다. 일어나지도 않을 걱정을 미리 하는 것처럼 어리석고 억울한 일은 없다는 것을······.

한 달도 되지 않는 기간에 모든 준비를 끝냈다. 드디어 제주도로 이사 가는 날, 바람은 매섭게 불고 눈발은 잘고 가늘게 내렸다. 오지 않아도 된다고 백번 넘게 말했지만 이른 아침부터 어머니와 아버지가 왔다. 어머니는 이사 첫날 먹을 밑반찬을 건네주고, 아버지는 우리 딸 잘 다녀오라고 꼭 안아주었다. 결혼식 때도 씩씩하게 웃기만 했던 나인데 주책없게 눈물이 났다. 돌이켜보니 한 번도 부모님과 멀리 떨어져 타지에서 지내본 경험이 없었다. 둥지를 떠나는 어린 새처럼 두려웠다. 동시에 묘한 설렘도 있었다. 트렁크 두 개에 사인 식구가 지낼 최소한의 짐만으로 떠났다.

해안 도로를 달리다 남편은 갑자기 차를 세웠다.
'차에 무슨 문제가 생겼나?'
의아했다. 이내 남편은 차에서 내려 바다를 향해 눈을 감고 큰 숨을 들이마시고 있었다. 말하지 않아도 지금 무슨 마음인지 알 것 같았다. 옆에 가서 손을 잡았다. 세차게 부는 바람이 매섭지 않고 시원했다. 둘이 열렁열렁하는 겨울 바다를 한참을 바라보았다. 우리의 보물섬을……..

제주살이는 예상보다 '조금' 불편했고, 기대보다 '훨씬' 행복했다. 시도 때도 없이 "행복해"라는 말을 남발했다. 기름보일러여서 웬만하면 틀지 않고, 수면 양말에 내복 두 개를 껴입고 잤다. 대신 한 방에 네 명이 나란히 누워 꼭 껴안고 잤다. 식탁이 없어 바닥에 신문지를 깔고, 국 하나에 김치로 끼니를 해결했다. 대신 네 명이 빙 둘러앉아 밥을 먹고 있으면, 매일 소풍 나온 기분이었다. 가져온 옷이 별로 없어 하나 빨면, 그 사이 말린 옷으로 입고 지냈다. 그런 불편함은 전혀 문제가 되지 않았다. 대신 꾸미지 않아도 얼굴에는 매일 생기가 돌았다. 아침에 눈만 떠도 웃음이 새어 나왔다.

'오늘 하루는 어떻게 보낼까?'

날씨가 화창하면 올레길을 걷고, 궂은 날이면 날씨 핑계 대고 종일 집에서 배 깔고 책 보면 된다. 뭘 해도 다 좋았다.

매일 아침 루틴은 이렇다. 우선 달걀부침 모양의 제주도 지도를 편다. 어디를 가면 좋을지 행복한 고민을 한다. 바다가 보고 싶은 날인지, 오름을 오르고 싶은 날인지, 마냥 걷고 싶은 날인지 나에게 묻는 시간이다. 결정되면 준비하는 데 몇 분 걸리지 않는다. 고민할 것도 없이 말려진 티셔츠를 주워

입고, 배낭에 지도랑 물 한 병 넣으면 준비는 끝이다. 바다를 만나고 오름을 만나는데, 화장하고 머리를 단장하며 치장하는 시간 따위는 필요치 않다.

 많은 시간을 보낸 곳은 '길'이었다. 하루는 올레길을 걷다가 화살표를 놓쳐서 길을 잃었다. 늘 가라는 대로만 가면 문제가 없었다. 전적으로 의지했던 화살표가 아무리 찾아도 보이지 않았다. 순간 무서웠다. 인적 하나 없는 조용한 숲에서 빨리 나가고 싶다는 생각밖에 없었다. 등에 식은땀이 나기 시작했다. 두근대는 심장을 진정하려 애썼다. 찬찬히 주변을 보았다. 그러다 길 바로 옆에 이름 모를 노란색 들꽃이 눈에 들어왔다. 한껏 벌린 노란 꽃잎 안으로 봄 햇살이 가득 차올랐다. 숨을 죽이고 몸을 낮춰서 꽃을 대면하였다.
 '어쩜 이렇게 고울까?'
 화살표만 보고 갔더라면 지나쳤을 귀한 풍경이었다. 긴장이 풀리면서 하늘을 올려보았다. 햇빛을 가득 머금은 이파리들이 생기 있는 색깔로 빛나고 있었다. 숲속 바위에 걸터앉아 선선한 바람에 땀을 식혔다. 나도 모르게 화살표를 찾으려는 마음을 내려놓았다. 숲이 주는 '호사'를 누리고 있었다. 잃어버린 화살표는 생각나지 않았다. 정해진 길이 아니어도 괜찮았다. 잃어버린 길 위의 풍경도 나쁘지 않았다. 이유 모를 뜨거운 눈물이 흘렀다.

'숨이 턱턱 막혀도 정해진 길이기 때문에 꾸역꾸역 살았더라면 어땠을까?'

길을 잃고 그렇게 한참을 앉아 있었다. 보물섬이 나에게 준 휴식을 충분히 만끽하며…….

첫 러브레터

"구경만 하고 올 거야. 다닌다는 말은 안 했어!"

우여곡절 끝에 어머니의 초등학교 입학은 '구경'만 하기로 하고 시작되었다.

길을 걷다 플래카드가 눈에 들어왔다.

'성인 문해 학교 학습자 모집'

어머니가 생각났다. 문의해보니 교육청에서 교육받을 기회를 놓친 성인에게 무료로 교육 기회를 제공해서 해당 학력을 인정받을 수 있게 도와주는 프로그램이었다. 어머니 반응은 불 보듯 뻔해서 이미 접수까지 마쳤다고 거짓말을 했다. 예상은 했지만, 반응은 훨씬 완강했다. 죽기 전 딸 소원이라며 애원했다가, 무료인데 안 하면 손해라며 설득도 했다가, 나중에는 이거 하지 않으면 딸 볼 생각도 하지 말라며 겁박을 하기도 했다. 그렇게 딸의 갖은 행패에 어머니는 결국 백기를 들었다.

어머니는 집안 형편상 배움의 기회가 없었다. 밭에서 일하고 있을 때 책가방 메고 학교 가는 친구들이 보이면 창피해서 숨곤 하셨다고 했다. 지금 어머니를 보면 세련된 외모에 입담이 좋아 초등학교를 졸업 못 했다고는 전혀 상상이 가질 않는다. 독학으로 엉성하게 알고 있는 한글로 가게를 하면서 살아왔다. 어머니에게 글을 제대로 읽고 쓸 줄 모른다는 것은 남들한테 들키면 안 되는 평생의 수치심이었다. 부모님이 적어줘야 하는 학교 설문지는 늘 아버지 몫이었다. 삐뚤삐뚤 맞춤법이 다 틀린 어머니의 글씨는 세상에 보일 수 없는 부끄러움이었다.

큰오빠가 입대했을 때였다. 첫째에게 누구보다 각별했던 어머니는 오매불망 아들 생각에 식사도 제대로 못 하고 있었다. 며칠 후 논산 훈련소에서 오빠가 입대할 때 입고 간 사복과 속옷 그리고 편지가 집으로 배달되었다. 택배를 받은 어머니는 큰오빠 옷을 껴안고 몇 시간을 흐느꼈다. 그리고 나에게 오빠가 보낸 편지를 두 번 세 번 계속 읽어 달라며 하염없이 눈물을 흘렸다.

'어머니도 직접 편지를 쓸 수 있으면 얼마나 좋을까?'
어머니에게 가장 전하고 싶은 말이 무엇인지 물었다.

'엄마는 잘 있다.'
'보고 싶다.'
'사랑한다.'

어머니가 말해준 세 문장을 흰 종이에 검정 볼펜으로 또박또박 크게 적었다. 어머니는 내가 적어준 문장을 눈시울이 붉어진 채 몇 번을 쓰고 지우며 연습했다. 다음 날 어머니는 삐뚤삐뚤한 글씨로 서툴지만 온 마음을 담아 편지를 완성하였다. 어머니는 아들에게 처음 써보는 편지였고, 오빠 역시 어머니로부터 처음 받아보는 편지였다. 오빠는 그 편지를 받은 날, 이불 속에서 몇 줄 안 되는 어머니 손 편지를 읽고 또 읽으면서 숨죽여 울었다고 한다.

남들이 쉽게 쓰고 쉽게 읽는 글은 어머니에게 두려운 동시에 동경의 대상이었다. 늘 "배우지 못한 게 평생 한이다."라며 못내 당신의 삶을 아쉬워했다. 그래서 더더욱 없는 살림에도 자식들 교육만큼은 누구보다 적극적이었다. 책 산다고 하면 묻지도 않고 가게 금고에서 돈을 내어 주머니에 넣어주었다. 어머니는 바쁜 생업에도 종종 글씨 연습을 하면서 배움을 갈망했다. 많이 늦었지만, 더 늦기 전에 이번 배움의 기회로 조금이나마 보답하고 싶었다.

어머니는 귀가 불편하다. 한쪽은 메니에르병으로(귀울림, 난청과 함께 갑자기 평형감각을 잃고 현기증이나 발작을 일으키는 병) 청력을 잃었고, 다른 한쪽은 돌발성 난청으로 남아 있는 청력이 거의 없어 보청기로 생활한다. 짧고 간단한 문장을 큰 소리로 말해야 들을 수 있고, 그런 배려가 없는 상황에서는 입 모양과 주변 상황을 보고 대충 문맥만 파악한다. 그런 어머니가 수업을 듣고 이해한다는 것은 남들보다 꽤 불편한 일이었다. 아니 큰 용기가 필요한 일이었다.

"안 해! 이 나이에 창피하게. 남이 볼까 무섭다."
"나한테 손 편지도 써주면 얼마나 좋아? 딸 소원이야. 응?"

딸한테 '손 편지' 써달라는 말에 아까보다는 조금 누그러진 듯했다.

"귀까지 안 들리는데 무슨 망신이야?"

"선생님께도 다 말씀드렸어. 앞자리에 앉아서 입 모양 보고 조금씩 따라가면 돼."

"……그럼 구경만 하고 올 거야. '다닌다'는 말은 안 했어!"

며칠간의 끈질긴 설득 끝에 결국 어머니는 '구경'만 하기로 하고 초등학교 입학식을 갔다.

오늘은 어머니가 초등학교 일학년으로 입학하는 날이다. 마음이 들떠 가만히 앉아 있을 수가 없었다. 우리 애들 입학식 때도 이 정도로 설레고 또 걱정되지는 않았다. 아무튼, 어머니의 용기 있는 시작을 응원하고 싶었다. 잠깐 외출로 나와 가는 길에 어머님들이 좋아할 만한 달달한 단팥빵과 박카스를 잔뜩 사서 상자에 담았다. 운전도 서툴고 길눈까지 어두워 물어물어 힘들게 도착했다. 한 시간 넘게 걸렸다. 별로 올 일 없는 외진 곳에 있었다. 어머니가 입학식을 가는 조건 중 하나가 아는 사람 만나면 안 되니 먼 곳으로 신청해 달라고 한 이유다.

숨 가쁘게 주차하고 간식 상자를 들고 뒤뚱뒤뚱 걸으며 찾아갔다. 허름한 도서관 일 층에 있는 작은 교실이었다. 남자 선생님의 수업하는 말소리가 간간이 들렸다. 배움의 기회를 놓친 많은 어르신이 앉아 수업을 받고 있었다. 유리창 너머로 어머니를 찾았다. 익숙한 한 사람이 눈에 바로 들어왔다.

'세상에서 가장 고운 우리 엄마'

어머니는 교실 앞에 앉아 잔뜩 긴장한 모습으로 공책에 무언가를 열심히 적고 있었다. 가슴이 울렁거렸다. 쉽게 상상할 수 없었던 모습이었다. 어머니가 책상에 앉아 수업을 듣고 있는 모습은……. 지금, 이 순간만큼은 자식들을 위해서가 아니었다. 늦었지만, 어머니 자신을 위해 용기를 낸 것이었다. 설명할 수 없는 많은 감정이 복받쳐 올랐다.

수업이 끝날 때쯤 노크를 하고, 간식 상자를 든 채 교실 안으로 조심히 들어갔다.
"누구세요?"
까만 뿔테안경을 쓴 나이 지긋한 남자 선생님이 물었다.

"안녕하세요! 오늘 입학한 ○○○ 님 딸입니다."

앞에 앉아 있는 어머니를 보았다. '네가 왜 여기 있는 거야?'라는 표정으로 반쯤 얼이 나가 있었다. 어머니를 향해 씩 웃었다. 그리고 힘찬 목소리로 말했다.

"어머니의 용기 있는 도전을 응원하고 싶어서 왔습니다. 포기하지 않고 끝까지 할 수 있도록 많이 도와주세요!"

담임 선생님께도, 앉아 있는 신입생들에게도 "어머니 잘 부탁드립니다!" 하며 생글생글 웃으며 간식을 나눠주었다. 어머니는 여전히 당황한 표정으로 딸의 갑작스러운 방문에 얼떨떨해하고 있었다.

"아이고. 딸이여? 둘이 똑같이 생겼네."

"시상에. 딸이 어머니 응원한다고 간식 사 들고 온 겨?"

"세상에 이런 딸이 어디 있어?"

앉아 있던 어르신들은 어머니에게 딸 잘 뒀다며, 한 개씩 가져가야 할 단팥빵을 하나 더 가져가며 한마디씩 했다.

수업이 끝나고 어머니와 단둘이 도서관 근처 숲길을 걸었다.

"난 네 아빠가 살아 돌아온 줄 알았다."

"무슨 말이야?"

"네 얼굴이 아빠로 보였어. 아빠 보는 것처럼 마음이 쿵 했어."
"좋았다는 거지?"
"못 살아!"
"왜? 또?"
"네가 동네방네 딸이라고 와서 간식까지 돌려서 인제 그만 둘 수도 없잖아. 어휴, 못 살아!"
"그럼 오길 잘했네!"
"딸내미 고마워. 너를 봐서라도 열심히 다녀야겠다."

 딸의 요란한 응원 이벤트 덕분에, 어머니는 누구보다 성실한 학생으로 숙제도 받아쓰기도 늘 일등이었다. 심지어 저녁에 드라마 보는 시간이 아깝다고 했다. 시간만 죽이는 쓸데없는 모임은 대충 핑계 대고 나가지 않는다고 했다. 대신 그 시간에 학교에서 배운 내용을 복습하고, 내일 있을 수업을 예습한다고 했다. 하루는 어머니 집에 가보니 내일 있을 받아쓰기 시험을 식탁에 앉아 준비하고 있었다. 오랜만에 본 딸에게 어머니는 그간 있었던 일을 말했다.
"어제 수업 중에 눈물이 나서 혼났어."
"왜?"

"선생님이 'ㄱ'하고 'ㅏ'가 만나 '가'가 되고, 받침 'ㄱ'이 붙여져 '각'이 된다고 설명해주는 거야."

"근데 그게 왜?"

"세상에. 그 원리는 처음 알았어. 그 설명을 듣는데 가슴이 막 뛰더라. 얼마나 감동이었는지 몰라."

그걸 모르고 산 세월이 서럽고, 또 지금이라도 알게 돼서 얼마나 기쁘냐며, 아직도 그때의 그 감동이 생각난다며 눈시울을 붉혔다. 어머니는 자음과 모음이 만나고, 다른 자음이 받침이 되어 글자가 완성되는 원리를 처음 알게 된 것이다. 전에는 무조건 외워서 썼다고 한다. 종종 어머니 맞춤법이 틀리기는 했지만, 그 정도는 당연히 안다고 생각했다. 창피해서 누구에게도 물어보지도 않았고, 또 그 원리를 제대로 가르쳐 주는 사람도 없었다고 한다. 그날 교단에서 아이들을 가르치고 있는 딸은 부끄러워 얼굴을 들 수가 없었다.

어머니가 배움을 시작하고 알게 된 사실이 많다. 가족 중에 어머니 글씨체가 가장 예쁘다는 것을……. 요즘 유행하는 캘리그래피 글씨체보다 훨씬 더 감성적이다. 휘갈겨 쓰지 않고 정식으로 정성을 들여 쓴 글씨는 마치 배움의 기쁨과 감격이

고스란히 전해지는 것 같다. 하루는 숙제가 '자식들에게 편지 쓰기'였다. 그 고운 글씨체로 어머니는 맞춤법 하나 틀리지 않고 적어 내려갔다. 조금은 늦었지만, 그래서 더 감동적인 수줍은 어머니 '손 편지'다.

엄마 아들로, 딸로 태어나줘서 고맙다.
엄마가 너희들에게 못 해준 것이 많아 늘 미안하다.
늘 건강하고 지금처럼 행복했으면 좋겠다.
그리고 사랑한다.

꾸밈이 없고 수수한, 그래서 더 진심이 담뿍 담긴 내용이었다. 불혹이 넘은 나이에 처음 받아본 어머니 편지에 그날도 역시 딸은 고개를 들 수가 없었다.

천국으로 올리는 국밥

건강검진을 앞둔 전날 밤 속절없이 눈물이 났다. 내시경이 무서워서도, 좋지 않은 결과가 나올까 걱정돼서도 아니었다. 돌이킬 수 없는 사실에 대한 회한의 눈물이었다.

나에게는 비현실적인 꿈이 있다. 아버지는 악성 림프종(림프조직 세포가 악성으로 전환되어 생기는 종양)으로 오 년간 암 투병을 했다. 지금은 내 곁에 없다. 시간이 지나면 아버지 부재를 인정하는 것이 좀 더 수월할 것이라 기대했다. 그러나 오히려 시간이 지날수록 그리움은 짙어졌다. 잠시 먼 곳에 있을 뿐 언젠가는 환하게 웃으며 돌아올 것만 같다. 그래도 사람들과 맛있는 거 먹으며 이야기를 나누고, 볕 좋은 날에는 산책하고, 주말에는 좋은 곳으로 여행도 다니며 씩씩하게 잘 지내고 있다.

몇 달 전 국민건강검진 통지서가 왔다. 신발장에 구겨 넣은 통지서가 삐죽 나오면, 쑤셔 넣고 바로 신발장 문을 닫기 일쑤였다. 보고도 못 본 척했다. 아무리 바빠도 내키는 일은 불굴의 의지로 하는 편인데, 건강검진은 몇 달이 지나도 내키지 않았다. 결국은 직장에서 독촉 메시지를 몇 번 받고 나서야 어렵게 마음을 먹었다. 병원에서는 사십 대가 됐으니 위내시경 하면서 대장 내시경도 함께 하면 좋을 것 같다고 했다. 흔치 않은 기회이니 바로 하겠다고 했다. 그날 병원에서 대장내시경 약과 식이 조절 설명서를 가지고 왔다.

울며 겨자 먹기로 삼 일 전부터 식단 조절에 들어갔다. 김치를 포함한 섬유질이 있는 채소와 과일은 물론, 고춧가루, 해조류, 깨, 잡곡밥까지 먹으면 안 될 음식들이 한둘이 아니었다. 검사 전날은 오로지 흰밥이나 흰죽만 가능했다. 이렇게 복잡한 절차인 줄 알았으면 하지 않았을 텐데……. 먹지 말라고 하니 더 먹고 싶었다. 특히 매콤하고 자극적인 음식이 계속 생각났다. 닭볶음탕, 떡볶이, 갈비찜. 생각할수록 먹을 수 없는 상황에 화가 났다. 식단 조절하는 기간 내내 모든 게 의욕이 없었다. 바람 빠진 풍선처럼 삶의 활력이 없었다. 신경도 예민해 질대로 예민해져, 애먼 애들에게 화를 내기도 했다. 검사 전날, 흰밥이 죽이 될 때까지 무표정으로 씹고 있는데, 눈물이 왈칵 쏟아졌다.

아버지 생각이 났다. 아버지 암 판정 이후, 하루빨리 병이 완치되길 바라는 마음에 나는 암 환자 식이요법을 공부했다. 채식 위주의 식단이 도움이 된다는 것을 알게 됐고, 그 식단을 아버지에게 권유했다. 아니 정확히 말하면 협박에 가까운 강요였다. 채식에 관해서는 논란이 많은 것은 알지만, 적어도 내가 공부한 바로는 도움이 된다는 것이 주된 내용이었다. 아버지는 종일 서서 일해야 하는 노동의 강도가 센 이발관 일을 평생 해왔다. 고된 일이 끝나면 유일한 낙은 그날 저녁 식사였다. 숭덩숭덩 썰어 넣은 도톰한 돼지고기가 들어간 얼큰한 국물에 소주 한잔 걸치며 고된 하루를 마감했다. 유독 '국밥' '오리탕' '김치찌개' 같은 고기 있는 칼칼한 국물 음식을 좋아했다.

평생을 그렇게 살아온 아버지에게 큰 스트레스는 식단 관리였다. 혼자 똑똑한 척 다하는 딸은 맵고 짠 자극적인 국물은 물론, 육류는 좋지 않다며 끊임없이 잔소리했다. 왕년에 한 성깔 했던 아버지인데 딸 잔소리 앞에서는 미안한 기색으로 묵묵히 듣고만 있었다. 마음 여린 언니 오빠는 감히 할 수 없는 역할이었다. 혹시라도 나 몰래 언니가 아버지에게 국밥을 대접하는 날에는 나한테 난리가 나는 날이었다. 언니를 매섭게 쏘아보며, 언성을 높이기도 했다.

"그게 아버지를 위하는 거라고 생각해? 어떻게 그렇게 생각이 없어?"

아버지에게는 왜 강한 의지로 하지 못하냐며 독한 말을 내뱉었다. 그 당시 '아버지가 얼마나 드시고 싶을까?'라는 공감 능력 따위는 그때만큼은 발휘되지 않았다. 아니 공감하고 싶지 않았다. 어떻게 해서든지 아버지 병을 낫게 해주고 싶은 마음밖에 없었다. 하나는 알고, 둘은 몰랐던 피도 눈물도 없는 독한 딸이었다. 평생 즐겨온 음식을 끊고 하루아침에 식단을 바꾸는 일은 아버지에게 무척이나 곤욕스러운 일이었을 것이다.

아버지가 하루는 고기가 생각난다며, 어머니에게 몰래 부탁을 해서 오리탕을 먹은 날이었다. 식사 후, 아버지는 언니와 함께 TV를 보고 있는데, 갑자기 내가 온다는 전화가 왔다. 갑작스러운 방문에 당황한 아버지는 오리탕 냄비를 급하게 베란다에 내놓고, 냄새가 남아 있을까 창문이란 창문은 다 열고, 대소동이 있었다고 한다. 동시에 언니한테는 말하면 안 된다는 신신당부까지. 나중에 언니한테 들었다. 마치 큰 잘못을 엄마에게 들킬까 봐 안절부절 어쩔 줄을 모르는 아이 같았다고.

아버지는 누구보다 강한 사람이었다. 한국 전쟁 때 태어나, 육 개월도 안 됐을 때 어머니를 병으로 여의었다. 갓난아기가 젖을 먹지 못해 죽음의 고비를 넘기고 있을 때, 보다 못한 작은할아버지가 닭 국물을 구해 먹였더니 기적적으로 살아났다고 했다. 이후 새어머니가 들어왔지만, 배가 다른 형제들 틈에서 눈칫밥을 먹으면서 컸다. 어머니 사랑에 대한 허기가 늘 있었다. 얼굴도 기억나지 않는 친엄마를 남몰래 사무치게 그리워하며 서러운 유년 시절을 보냈다. 하루라도 빨리 자립하고 싶어 이발 기술을 배웠고, 덕분에 이른 나이에 경제적 독립을 할 수 있었다. 누구보다 진짜 '가족'을 만들고 싶어 했고, 마침 어머니를 만나 우리 사 남매를 낳아 키웠다.

이발 솜씨가 좋아 손님이 끊이지 않았다. 아버지는 남들 나들이 가는 공휴일에도 묵묵히 문을 열었다. 손님과의 신뢰를 지키는 일은 목숨과도 같다고 했다. 식사도 거르고 일하는 날이 다반사였고, 일하다가 코피를 쏟은 적도 종종 있었다. 아버지의 몸은 해지고, 자식들은 덕분에 잘 먹고, 잘 입고, 돈 걱정 안 하고 공부할 수 있었다. 옹기종기 앉아 있는 자식들을 보며 흐뭇한 표정으로 말씀하셨다.

"집을 팔아서라도 공부하게 해줄 테니 걱정하지 마라."

누구보다 자식들을 끔찍하게 아꼈다. 특히 셋째 딸인 나에게는 단 한 번도 소리를 내 야단을 친 적이 없었다. 아버지가 이룬 진짜 가족은 아버지의 일생의 큰 '자부심'이었다.

이십 년 넘게 피워온 담배도, 가족과 함께 건강하게 오래 살고 싶다는 생각이 들어 한 번에 끊은 아버지다. 당뇨 판정을 받은 후, 하루도 빠지지 않고 운동으로 혈당조절을 했다. 다리가 퉁퉁 붓도록 일한 날에도 땀에 흠뻑 젖을 때까지 운동장을 돌고 왔다. 혹시라도 아파 자식에게 폐가 될까 부단히 노력하셨다.

'그렇게 의지가 강한 아버지가 얼마나 드시고 싶었으면…….'

단 한 번이라도 달리 생각했더라면 얼마나 좋았을까. 그저 '의지박약'이라고만 치부해 버렸다.

제주도에서 일 년 동안 살았을 때다. 돈 아깝다며 여행은 일절 하지 않는 아버지는 딸이 제주도에 있으니 마음 놓고 오라는 성화에 못 이겨 왔다. 그때도 예외는 없었다. 여행 중에도 아버지가 그토록 싫어하는 채소 위주 반찬으로만 대접했다. 하루는 오일장에 갔는데 제주도까지 왔는데 칼칼한 갈치조림이 먹고 싶다며 어머니에게 조용히 말했나 보다. 마음 약한 어머니는 몰래 갈치를 샀다. 나중에 어머니는 나에게 오늘만 어떻게 안 되겠냐며 슬쩍 물었다. 뒤늦게 알게 된 나는, 아버지 행동에 토라져서 그날 함께 밥도 먹지 않았다. 그때 면목 없어 하는 눈빛으로 어쩔 줄 몰라 하던 아버지 모습이 아직도 선하다. 아버지는 계속 함께 먹자며 했지만, 토라진 마음은 쉽게 풀리지 않았다. 결국, 쓸쓸하게 혼자 갈치조림을 드셨던 뒷모습이 생각난다. 그때가 마지막이었다. 아버지와의 식사는…….

장례식장에서 상조회사 직원이 물었다.

"고인이 생전에 좋아하신 음식이 있었나요?"

아버지 영정 사진 앞에 새벽녘 국밥집에서 파는 뜨끈한 돼지국밥을 올렸다. 뜨거운 게 볼을 타고 흘러내렸다. 조용히 눈을 감았다. 차마 아버지 얼굴을 볼 염치가 없었다. 국밥은 아버지의 주검처럼 차갑게 식어갔다.

더럽게 맛없는 흰밥을 씹는데 목이 멘다. 물을 마셔도 내려가지 않는다. 단 한 번만이라도, 아버지를 만나 얼큰한 국밥 한 그릇 대접해 드리고 싶은 비현실적인 꿈을 꾼다.

달려라 아들!

"하늘과 땅만 있는 곳으로 가요."

아들은 달리기를 좋아한다. 숨이 찰 때까지 바람을 가르며 다리가 보이지 않을 정도로 달리다 보면, 기분이 최고란다. 그 '최고'의 기분은 말로 설명하기가 힘들 정도라니, 내가 가늠하기가 힘들 듯하다. 아들과 산책하러 가면, 아들은 꼭 난감한 주문을 한다.

"엄마! 빌딩이 없고 하늘과 땅만 있는 곳으로 가요."

이유는 안 물어봐도 뻔하다. 마음껏 '달리기'를 하고 싶어서다. 그런 날은 보통 광장이 있는 시청이나 월드컵 경기장을 간다. 눈에 거슬리는 것 없이 아들이 원하는 하늘과 땅만 있는 곳이다. 아들이 그토록 좋아하는 '달리기'하기 딱 좋은 장소다. 아들은 도착하자마자, 물 만난 물고기처럼 목표지점도 없는 광활한 광장을 무작정 달리고 또 달린다. 신이 나서 달리기를 하고 있으면, 다른 엄마들보다 몇 배는 더 감사하고 애틋하다. 아니 눈물이 난다.

아들이 여섯 살 때 라오스로 가족 배낭여행을 갔다. 시커먼 매연을 뒤집어쓰고, 온몸에 덜컹대는 진동을 고스란히 받으며 툭툭이를 타도 힘든 줄 몰랐다. 공기가 걸쭉하다고 느낄 정도로 더운 날, 김이 모락모락 나는 뜨거운 쌀국수를 먹어도 더운 줄 몰랐다. 늘 그렇듯 고생을 사서 하는 이번 여행도 더할 나위 없이 즐거웠다. 일정이 거의 끝나고, 한국으로 돌아가기 이틀 전이었다. 남편과 아들에게 재미있는 제안을 했다.
"여자는 여자끼리, 남자는 남자끼리! 하루만 따로 다녀볼까?"

소소한 이벤트로 나는 딸과 함께, 아빠는 아들과 함께 자유롭게 일정을 짜서 다녀보는 것도 나쁘지 않다고 생각했다. 예상했듯이 엄마 껌딱지 아들은 싫다며 급기야 바닥에 엎드려 통곡하기 시작했다. 딸은 남동생이 엄마를 더 차지하는 시간이 많다며 종종 불만을 표현했었다. 이번만큼은 딸에게 온전히 밀도 있게 시간을 보내주고 싶었다. 동시에 아들은 아빠와 더 친해질 수 있으니, 이 또한 좋은 기회라고 생각했다.

"난 엄마랑 같이 있을 거야. 나랑 같이 있자! 응?"

얼마나 서럽게 우는지 잠깐 고민이 됐다.

'이렇게까지 싫어하는데, 굳이 할 필요가 있을까?'

남편도 혼자 일정을 짜본 적도 없고 막막한 눈치였다. 마음이 흔들렸다. 그래도 엄마와 단둘이 데이트한다고 한껏 들떠 있는 딸에게 실망감을 안겨주기는 싫었다.

울면서 내 발을 붙잡고 못 나가게 하는 아들을 뿌리치고, 결국 딸과 함께 나왔다. 숙소 문을 닫고 나오는데, 아들 우는 소리가 계속 들렸다. 마음이 잠깐 무거웠지만, 분명 아빠와 재미있는 시간을 보내고 나면, 언제 그랬냐는 듯 밝게 웃을 것이다.

'오늘은 딸에게 집중해야지.'

그동안 미안했던 만큼 딸이 하고 싶은 것들을 물어 데이트했다. 숙소 근처 사원에서 재미있는 포즈로 사진을 찍고, 소품 가게에서 예쁜 엽서를 사서 서로에게 편지를 쓰고, 마사지

가게에 들러 나란히 누워 마사지도 받았다. 딸은 엄마와의 데이트를 예상보다 더 기뻐했다. 미안하고 뿌듯했다. 순간순간 아들이 걱정됐지만, '재미있게 보내고 있겠지.' 하며 잊으려고 노력했다. 약속 시간이 다 되어 숙소로 갔다.

시끌벅적한 아들 목소리가 들리지 않았다.
'아직도 밖에서 놀고 있나? 괜한 걱정을 했네.'
안심하고 문을 열고 들어갔다. 아빠 운동화와 아들 샌들이 보였다. 들어가 보니 테이블 위에 약봉지가 놓여 있었다. 침대 위에 아들은 발목에 붕대를 감은 채 힘없이 누워있고, 남편은 맥없이 앉아 있었다. 눈은 충혈되고, 낯빛은 불안해 보였다.

"엄마 찾는다고 가다가 다리를 다쳤어. 급하게 수술하긴 했는데……."

자초지종을 들어보았다. 풀이 죽어 있는 아들에게 남편은 자전거로 이 동네 어딘가에 있을 엄마를 찾아보자고 했다. 엄마를 찾는다는 생각에 아들은 흔쾌히 타겠다고 했다. 남편은 아들을 자전거 뒤에 태우고 나를 찾아다녔다. 가는 도중 내리

막길에서 빠른 속도로 내려갔다. 아들 비명 소리가 들렸다. 급히 브레이크를 밟았지만, 이미 아들 발목이 뒷바퀴 안에 휩쓸려 들어간 뒤였다. 자전거 뒤에 처음 타본 아들은 다리를 벌리지 않고 무방비 상태로 있었다. 아킬레스건 살점이 거의 떨어져, 하얀 뼈가 보였다. 남편은 다급하게 현지인에게 도움을 요청했고, 툭툭이로 근처 병원으로 가서 봉합 수술을 했다. 남편은 병원에서 서툰 영어로 아들 상황을 설명하고, 아프다며 소리 지르며 울어대는 아들을 진정시키느라 혼이 나갔다. 내가 없는 잠깐 사이에 어마어마한 일이 터졌고, 정신없이 수습하고 넋이 반쯤 나가 있었다. 무엇보다 자전거 뒤에 탈 때는 다리를 벌리고 있어야 한다고 말해줬더라면 다치지 않았을 거라며 죄책감에 힘들어했다.

'얼마나 무서웠을까?'

침대에 누워 훌쩍이고 있는 아들을 안아주었다. 아들은 서글프게 내 품에 안겨 엉엉 울었다. 가지 말라고 붙잡았을 때 가지 말 걸, 되돌릴 수 없는 후회가 밀려왔다. 상황은 이미 엎질러졌다. 다행히 이틀만 지나면 한국에 갈 수 있었다. 그때까지 소독 치료를 받으면서 한국 가기만을 손꼽아 기다렸다.

한국 가는 날, 아들은 공항에서 휠체어를 타고 극진한 대접을 받았다. 녀석은 신난다며 깔깔댔다.

귀국한 다음 날, 바로 정형외과를 갔다. 의사 선생님이 진찰을 보는데, 표정이 심상치 않았다. 상처에서 노란 고름이 나오고 있었다.
"큰 병원에 가보셔야 할 것 같습니다. 괴사입니다."
라오스에서 받았던 수술 부위에서 괴사가 일어났다. 우선 대학병원 예약을 해놓고, 급한 대로 중형병원에서 진료를 받았다. 바로 수술을 해야 하는데, 문제는 수술 후 신경이 절단되어 평생 감각을 못 느끼며 살 수 있다고 했다. 절뚝거릴 수 있고, 달리기 같은 운동은 힘들 거라는 청천벽력 같은 이야기를 들었다. 하늘이 무너지는 것 같았다.

'그 시간을 되돌릴 수만 있다면……. 그렇게 나가지 말라고 발을 붙잡고 울었는데…….'
다 내 탓 같았다. 내 다리를 줘서라도 아들 다리를 낫게 하고 싶었다. 성급하게 수술을 감행하고 싶지 않았다. 좀 더 나은 결정이 있을 수 있기에, 여러 병원에 다니며 의견을 구했다. 그동안 아들은 소독할 때마다 고통스러워 온몸을 비틀며 소리 내어 울었다. 남편과 나는 매일 밤 숨죽여 울었다. 보고 있으면 눈물이 터져 나올 것 같아 차마 아들 눈을 제대로 볼 수 없었다. 아들 생각에 밥도 잘 넘기지 못하고 잠 한숨 못 자며 괴로워했다. 틈만 나면 눈물이 하염없이 흘러내렸다. 사는 게 사는 것 같지 않았다.

드디어 힘들게 예약한 대학병원 진료 날짜가 다가왔다. 진료 당일, 세상이 다 끝난 것처럼 어두운 낯빛으로 진료 순서를 기다리고 있었다. 그때 온몸에 울긋불긋 반점이 있고, 팔 하나가 두 배 정도 기이하게 기다란 아들 또래 남자아이가 밝은 얼굴로 의사 선생님과 인사를 나누고 있었다. 옆에 보호자로 보이는 엄마는 그런 아들을 흐뭇하게 쳐다보고 있었다. 바로 옆에는 온몸에 붕대를 감고 철심을 박은 여자아이가 누워 진료를 기다리며, 간호사와 농담을 주고받고 있었다. 당황스러웠다. 도저히 웃을 수 없을 것만 같은 상황에 그들은 웃고 있었다. 그런데…… 묘한 위로가 됐다.

다리 하나 빼고는 나머지는 다 건강한 아들을 보았다.

'우리 아들 이렇게 살아서 곁에 있잖아. 그것만으로도 감사하자.'

그걸로 충분했다. 마침 휠체어에 앉아 있는 아들과 눈이 마주쳤다. 눈물이 날 것 같아 쳐다볼 수 없었던 아들 눈을 몇 초간 바라보았다. 그리고 환하게 웃어주었다. 진료 순서가 되고, 나이 지긋한 교수님은 아들 다리를 이리저리 살피더니 안경을 치켜 올리며 덤덤하게 얘기했다.

"아직 어리니 살이 차오를 때까지 우선 기다리세요. 걱정하지 말아요."

수술보다는 살이 차오를 때까지 꾸준히 소독하면서 경과를 지켜보자고 했다.

'걱정하지 말아요.'

그 한 마디에 눈물이 왈칵 쏟아졌다.

매일 저녁, 상처 부위를 소독했다. 상처가 어느 정도 아물고, 새 살을 정돈시켜주는 짱짱한 발목 밴드를 이 년 넘게 신겼다. 더운 날 땀이 차서 고생이 이만저만이 아니었다. 아들은 한여름에도 불평불만 없이 기특하게도 잘 견뎌냈다. 매일 기도했다.

"마음껏 달리게 해주세요."

뼈가 다 보일 정도로 무참히 파였던 살은 봄에 새순 돋듯이 뽀얀 살이 조금씩 차올랐다. 아들은 깁스를 풀고 서서히 걷는 연습을 하더니, 어느 순간부터는 정상적으로 걸을 수 있게 됐다. 육 년이 지난 지금, 아들은 달리기광이다. 무조건 넓은 평지만 있으면 숨이 차도록 전력 질주를 한다.

다른 것이 기적이 아니다. 건강한 두 다리로 걸을 수 있는 것, 소독약 냄새 진동하는 병원이 아닌 햇살 향 가득한 집에서 뒹굴 수 있는 것, 매일 아침 건강한 육신으로 눈을 뜰 수 있는 것이 기적이다. 무엇보다 검은 머리칼을 나부끼며 신나게 달리기하는 아들을 보는 일은 기적 중에 가장 큰 기적이다.

오늘은 아들에게 달리기 데이트를 신청해야겠다. 당연히 내가 지겠지만…….

돈의 기쁨과 슬픔

"아빠! 등에 까만 점 같은 게 엄청 많아요."
어렸을 적, 아버지 등을 긁다가 물었다.
"응. 그거 머리카락이 박힌 거야. 그냥 내버려 둬. 빼도 어차피 또 들어간다."
이발관을 하는 아버지에게 그런 일쯤은 그냥 '내버려 둬도' 되는 일이었다. 등에 머리카락이 박힌 통증쯤은 우습게 넘어가며 번 돈으로 자식들 교육을 시켰다. 덕분에 사 남매 모두 돈 걱정 없이 대학교까지 무사히 마칠 수 있었다. 아버지 살점에 박힌 머리카락과 바꾼 돈이었다. 내가 봤던 돈의 '슬픔'이다.

철이 너무 일찍 들었을까. 어렸을 적, 어머니가 옷을 사주겠다고 옷 가게를 데리고 가도, 손을 뿌리치고 나오는 딸이었다. 초등학교 봄 소풍 때 어머니는 천 원짜리 몇 장을 쥐여 주었다. 먹고 싶은 거 사 먹으라고 준 돈이지만 애당초 쓸 마음이 없었다. 싸준 김밥과 과일이면 충분했다. 어머니가 힘들게 번 돈을 가볍게 쓰고 싶지 않았다. 어머니는 받은 돈 그대로 고스란히 가지고 오는 딸을 늘 못마땅해 했다. 하루빨리 어른이 되어 경제적으로 부모님에게 도움이 되고 싶었다.

수능 끝나자마자 벼룩 신문 구직 부분을 형광펜으로 쳐가며 스무 군데 넘게 전화를 했다. 경험도 없는 고등학생을 고용하는 곳은 그리 많지 않았다. 겨우 받아주는 곳은 '텔레마케팅'이었다. 수험생 문제집을 연간 구독하게끔 '독려'하는 일이었다. 일면식도 없는 사람에게 다짜고짜 전화를 거는 일은 굉장히 긴장되는 일이었다. 전화 음이 가는 동안 '받지 마. 받지 마. 받지 마.' 계속 주문을 걸었다. 운수가 사나운 날이다. 거는 족족 다 받는다. 받은 대본 그대로, 도레미파 '솔' 톤으로 경쾌하게 읽는다. 전혀 경쾌하지 않은데 말이다.

"혹시 ○○○ 고객님 맞으십니까? 축하합니다. ○○문제집 연간 구독 삼십 프로 할인에 당첨되셨습니다."

흔해 빠진 낚시성 멘트로 고객들에게 접근하는 방식이다.

대부분은 첫 멘트 듣자마자 그냥 끊는다. 말을 하는 도중 상대방이 끊었을 때 어정쩡한 기분을 하루에도 수십 번 경험했다. 처음에는 혼자 그 민망함을 삭히는 데 시간이 다소 필요했다. 한창 바쁜 와중에 전화를 받은 고객들은 평생 들어보지도 못한 험한 말을 하고 끊기도 했다. 시간이 지나자 체념에 가까운 심정이었다.

'도대체 누가 이런 전화에 신청을 하겠어?'

나라도 이런 틀에 박힌 대본으로 읊어대는 전화는 듣기도 싫을 것 같았다.

대본을 바꾸기 시작했다. 주어진 대본대로 하지 않고, 내가 이 문제집을 어떻게 활용해서 공부했는지 나만의 대본을 만들었다. 그리고 사례 위주로 설득하기 시작했다. 며칠이 지나자, 기적처럼 연간 구독을 신청하는 건수가 생기기 시작했다. 신청할 마음이 전혀 없었던 사람도 내 경험을 바탕으로 설득하니 들어주기 시작했고, 결국 신청하는 사례가 늘어났다. 두 달 후, 내 성과는 팀 내에서 가장 좋았다. 덕분에 상여금을 받기도 했다. 그때 알았다. 나에게 타인을 설득하는 말재주가 있다는 것을…….

돌아보니, 텔레마케팅 경험은 많은 도움이 됐다. 마치 스피치 학원에서 하는 훈련과 흡사했다. 돈을 '받고' 간결하고 명확하게 상대방에게 메시지를 전달하는 법을 배웠다. 동시에 목이 쉬지 않게 복식 호흡과 발성으로 목을 관리하는 법도 자연스럽게 터득했다. 이런 경험은 지금 교사를 하면서 도움이 많이 된다. 복식 호흡으로 발성하는 습관이 남아 있어 목이 쉽게 상하지 않는다. 게다가 얼굴 한번 본 적 없는 학부모와 전화 상담하는 일은 다른 교사에 비해 부담을 덜 느낀다. 돈을 벌기 위해 했던 일이 결국 큰 도움이 됐다. 돈의 '기쁨'이다.

대학교 일학년 겨울방학 때, 치킨집 전단을 아파트에 붙이는 시간제를 했었다. 돈 벌 생각에 집에서 얼마나 거리가 있는지 확인도 하지 않고 무조건 한다고 했다. 알고 보니 버스 종점에 가까운 곳이었다. 하필 그날 뉴스에서는 기상 관측 이래 가장 극심한 한파라며 떠들썩했다. 게다가 간밤의 폭설로 도로 상태는 거의 마비 상태였다. 언 발을 동동 구르며 버스를 목이 빠지게 기다렸다. 운 좋게 만원 버스에 거의 매달리다시피 구겨져 탔다. 한 시간 거리를 두 시간 넘게 걸렸다. 속이 울렁거리고 토기를 느낄 때쯤 도착했다. 치킨집 사장님은 전단 뭉텅이 다섯 묶음을 주었다. 한눈에 봐도 꽤 많아 보였다. 오늘 안에 다 붙이라고 했다. 삼엄한 아파트 경비를 피해 재빠르게 붙여야 하는 고도의 속도가 필요한 일이었다. 경비아저씨 몰래 들어가 테이프를 뜯어 하나하나 붙이기 시작했다. 추위 때문에 속도를 낼 수 없었다. 나중에는 손이 얼어붙어 장갑을 껴도 감각이 없었다. 붙이고 붙여도 당최 줄어들지 않았다. 조금이라도 쉬면, 오늘 안에 끝낼 수 없을 것 같았다. 지금도 한파 재난 안전 문자가 오면 그때 추위가 생각나 몸서리난다. 밥도 못 먹고 아침부터 시작해 다 붙이고 나니 저녁 여덟 시였다. 추워서 입이 돌아갈 지경이었다. 몸이 꽁꽁 언 채로 치킨집 문을 열고 들어갔는데, 치킨 냄새가 코에 훅 들어왔다. 허기진 상태에서 맡는 기름 냄새는 그야말로 환상이었다. 왜 장발장이 빵을 훔쳤는지 이해가 갔다. 치킨 한 조각이라도 얻어먹을 줄 알았건만, 일당 오천 원을 주고 끝이었다.

다시 나온 세상은 몹시 추웠다. 가는 길에 길거리 포장마차에서 따끈한 어묵을 팔고 있었다.

'얼마나 힘들게 번 돈인데…….'

오천 원을 깨기 싫었다. 버스를 타고 오면서, 못 먹은 치킨과 어묵 생각에 굶주린 배만 움켜줬다. 뼈저리게 돈의 '귀함'을 경험했다.

대학교 이학년 여름방학 때, 분식집에서 일했다. 하루는 식당이 더워 에어컨을 켰다. 주방 이모가 에어컨 함부로 켜면 안 된다며 등짝을 사정없이 후려갈겼다. 몇 분 후, 내 또래 사장님 아들이 가게에 왔다. 주방 이모는 바로 에어컨을 켜주었다. 세상을 조금씩 알게 됐다.

대학교 삼학년 때, 고깃집에서 일했다. 개업을 한 식당이라 손님들이 끝도 없이 밀려왔다. 앉아서 물 한 모금 마실 시간조차 없었다. 오후 세 시가 넘어서야 늦은 점심을 먹을 수 있었다. 직원이 여섯 명인데 사장님은 삼겹살 이 인분을 구웠다. 사장님 내외 말고는 아무도 고기를 먹지 않았다. 직원들은 김치만 먹고 있었다. 김치만 먹는 게 싫어서 아무도 손대지 않는 고기 몇 점을 겁 없이 집어먹었다. 고기를 먹을 때 사장님의 당황한 기색이 아직도 생생하다. 다음날 더는 나오지 않아도 된다는 통보를 받았다. 돈의 '씁쓸함'을 알게 됐다.

아버지가 당신 살점에 들어간 머리카락과 바꾼 돈으로 우리를 키워냈던 돈의 '슬픔', 텔레마케팅 일을 하며 많은 경험을 배우게 됐던 돈의 '기쁨', 오천 원을 벌기 위해 종일 추위에 떨어가며 전단을 붙여야만 했던 돈의 '귀함', 눈치 없게 고기 몇 점을 먹은 죄로 해고를 당했던 돈의 '씁쓸함'……. 그래서 돈에 대해 남들보다 이성적이다. 과하게 좋아하지도, 과하게 싫어하지도 않는다. 꼭 필요한 물건이 아니면 돈 쓰는 일이 별로 없다. 많은 돈을 봐도 별 감흥이 없다. 미치도록 사고 싶은 물건도 별로 없다. 돈이 가르쳐준 기쁨, 슬픔, 귀함 그리고 씁쓸함 덕분에…….

매일 양배추 토스트처럼

　베란다에 누워 따뜻한 볕을 쬔다. 오늘 같은 날에는 남편이 만들어 주는 양배추 토스트가 최고다. 바싹하게 구운 식빵, 아삭거리는 양배추, 햄과 달걀, 케첩까지. 부엌에서 앞치마를 두른 채 '나를 위해' 토스트를 만들고 있는 남편의 모습이 사랑스럽다. 베란다 밖을 내다보며 크게 숨을 쉬어본다. 바쁘게 살아가는 일상. 정신없이 뛰어다니고 마음 심란한 날도 적지 않다. 그런데도 살아가는 이유는, 오늘처럼 '선물 같은' 날 덕분이다. 이런 날은 모든 걸 용서하고, 모든 것을 이해할 수 있을 것만 같다. 상처와 아픔……. 내일 또 그런 일이 생길지 모르겠지만, 입안을 가득 채우는 양배추 토스트를 떠올리며 힘 한번 내보려 한다.

"어머! 오늘 젊어 보이세요."

"뭐? 그럼 어제는 늙어 보였어?"

좋은 마음으로 전한 인사에 난데없는 구박이 돌아왔다. '말에 담긴 의미'를 해석하느라 온종일 찝찝했다. 잘 때도 생각났다.

그냥 넘길 수 있는 말을 해석하느라 많은 에너지를 소진한다. 유독 남이 하는 말에 휘청거린다. 듣지도 않고 자기 말만 쉴 새 없이 말하는 사람이 있다. 급속도로 피곤해지고 짜증이 밀려온다. 그뿐만이 아니다. 표정, 시선, 제스처에서도 영향을 받는다. 늘 팔짱을 끼고 미간을 찌푸리고 이야기하는 사람이 있다. 본래 그런 사람인 것은 알지만, 무례함이 느껴져 종일 기분이 개운치 않다.

한번은 지인이 도움을 요청했다. 아기 봐줄 사람이 없다고 대신 본인이 가야 할 장소에 가서 일을 봐달라고 했다. 내 시간 상당 부분을 할애해야 했다. 아기 봐줄 사람이 없다는데……. 차마 외면할 수가 없었다. 한 달 전에 예약했던 대학병원 진료를 취소하고 도와주었다. 그는 고맙다며 나중에 도움이 필요하면 꼭 말하라며 신신당부했다. 나중에 그 사람 도움이 잠깐 필요했다. 정확히 말하면, 본래 그 사람이 할 일이었다. 흔쾌히 도와줄 거로 생각했다. 가벼운 마음으로 도움을 요청했다.

"에이. 난 그런 거 못 해."

미안한 기색도 없이 딱 잘라 야박하게 거절했다. 물론 그 사람에게는 거절할 권리가 있다. 하지만 적잖이 당혹했다. 도움을 받지 못한 것보다 매정하게 거절하는 태도가 계속 생각났다. 뭘 바라고 해준 것은 아니었지만, 사람인지라 서운한 마음은 어쩔 수 없었다. 이후 그 사람을 볼 때마다 표정 관리가 안 되고, 불쑥불쑥 화가 치밀어 감정 조절이 힘들었다. 정작 그 사람은 내가 이렇게 마음이 부대끼는지 관심조차 없었다.

누군가 내 인생에서 가장 아까운 시간이 뭐냐고 묻는다면 바로 답할 수 있다. 내 인생에서 그렇게 중요하지 않은 사람들의 '말' 때문에 잠 못 자고, 밥 못 먹고, 나를 혹사했던 시간이라고 답할 것이다. 누가 나를 괴롭힌 것이 아니라, 내가 나를 괴롭힌 것이 제일 억울하다. 잠을 자려고 누우면 그날 거슬렸던 말들이 떠올랐다. 남이 나에게 했던 말의 의미를 생각하느라 뜬눈으로 지새우는 날이 많았다. 밤새 잠을 못 자고 뒤척거렸다. 결국에는 이런 나한테 화가 났다.

'내가 나를 괴롭히는구나.'

그럴수록 비참해졌다. 몸과 마음은 하나라고 마음이 괴로우니 몸이 아팠다. 병원을 가도 차도가 없었다.

몸이 아프다고 더는 못 버티겠다고 항변하는 순간에도 나를 돌아보지 않고 그렇게 만든 상황을 탓했다.

"에잇! 기분 나빠!"

이 한마디로 떨쳐내는 것이 어려웠다. 같은 상황이면 보통 남편은 이런 답을 한다.

"그냥 그 사람은 그런가 보지."

반면 시시비비를 잘 가리는 나는 이렇게 말한다.

"어떻게 나한테 그런 말을 할 수가 있어?"

내가 만든 틀에서 옳고 그름에 관한 판단이 강하면 강할수록 사는 것이 피곤했다.

어느 날 평소 존경하는 '법륜스님의 즉문즉설' 영상을 보게 됐다. 어떤 남자분이 질문했다.

"이유 없이 일 년 동안 욕을 들었습니다. 일 년이 지난 지금 아직도 괴롭습니다."

"남이 나에게 쓰레기를 줬는데, 그 쓰레기를 붙잡고 어떻게 나한테 쓰레기를 줄 수 있냐며 쓰레기를 붙잡고 있으면, 남이 나를 괴롭히는 겁니까? 내가 나를 괴롭히는 겁니까? 쓰레기를 받으면 그냥 버리면 됩니다."

난 그동안 쓰레기를 받고 쓰레기 안의 더러운 것들을 하나하나 헤집어 보면서 곱씹고 또 곱씹었다.

'세상에! 이 더러운 것을 나한테 주다니!'

그 사람이 아닌 내가 나를 해치고 있었다. 결코 나를 사랑하는 방법이 아니었다.

누군가의 한 마디 때문에 잠 못 들고 있다면, 쓰레기를 그만 내려놓았으면 좋겠다. 품에 안고 더럽다고 불평할 필요 없다. 인생 짧다. 깨끗하고 복된 것들로만 채워나가자. 오늘은 볕이 잘 드는 베란다에 누워 남편에게 양배추 토스트를 만들어 달라고 해야겠다.

시간을 헛되게 보내세요

　병원 접수를 하고 기다린다. 대기 시간이 삼십 분 정도 될 거라고 한다. 요즘 공부하고 있는 토플 듣기를 하면서, 진료 시 질문할 것들을 적어놓는다. 얼마 전 아들이 필요하다고 했던 학용품을 주문해야겠다. 여러 사이트를 비교한 후 최저가로 구매한다. 이내 곧 어머니가 보험 보상을 알아봐달라고 했던 게 생각나 보험회사에 전화해본다. 나에게 삼십 분은 금쪽같은 시간이다. 늘 '무언가'를 하느라 바쁘다.
　'삼십 분 동안 할 수 있는 일이 얼마나 많은데……'
　멍하니 앉아 있는 사람들을 이해 못 했다. 자투리 시간 일 분 일 초도 허투루 보내지 않으려고 노력했다. 주어진 시간 안에 많은 것을 효율적으로 해냈을 때의 성취감이 좋았다. 아무 생각 없이 있거나, 별 관심 없는 TV 채널을 돌리며 시간을 무의미하게 흘려보내는 것은 '비생산적'이라고 생각했다.

아들 초등학교 일학년 때 육아 휴직을 했다. 꿀과 같은 이 시간을 어떻게 하면 '효율적'으로 그리고 '생산적'으로 보낼까 궁리하고 또 궁리했다. 이십사 시간을 누구보다 촘촘히, 알차게 보내고 싶었다. 새벽 여섯 시가 되면 일어나 운동을 한 후, 아이들을 깨워 후다닥 밥을 먹여 학교에 보낸다. 숨 가쁘게 집안 정리를 대충 끝내고 동네 뒷산을 간다. 요즘 도전하는 숲 해설사 공부에 도움이 되기 때문이다. 모르는 나무나 꽃이 보이면 사진을 찍고 찾아본다. 도서관에 들러 읽고 싶은 책을 읽고, 토플 인터넷 강의를 수강한다. 점심때가 되면 도서관 식당에서 밥을 먹으며 다 못 본 책을 읽는다. 금세 아들이 올 시간이 되면, 서둘러 학교 앞으로 뛰어간다. 바로 픽업해서 놀이 치료센터로 간다. 가는 동안 차 안에서 아들이 좋아하는 영어 동영상 음원을 들려준다. 아들이 수업을 받는 동안 담당 선생님께 질문 사항을 적어놓는다.

집에 오면 남편 퇴근 시간에 맞춰 숲 해설 저녁 수업을 들으러 간다. 가는 버스 안에서는 그날 공부한 토플 영어 문장을 암기한다. 밤 열한 시 집에 도착하면, 다음 날 계획을 세워 놓고 잠이 든다. 문제는 누구보다 촘촘한 하루를 보냈으면서도 불안했다. 혹시 놓치고 있는 것이 있을까 봐. 자기 직전까지도 해야 할 일이 생각났다. 몸은 쉬어도 머리는 끊임없이 일했다. 몸은 피곤한데 잠은 오지 않은 날들이 많았다. 해야 할 일을 안 하고 넘어가면 기약 없이 멀어지기 때문에, 몸이 죽을 것처럼 피곤해도 할 일이 있으면 기어이 하고 잤다. 지나와 보니, 당장 하지 않아도 될 일이었다.

머릿속은 온통 당장 '해야만' 하는 일들로 꽉 찼다. 다 중요했다. 자기 계발도 중요하고 아이들 돌보는 것도 중요했다. 정신없이 하긴 하는데, 문제는 지금 하는 일에 집중하기 힘들었다. 하루는 집에 가는 길에, 보건소에서 정신건강 상담 서비스를 하고 있다는 플래카드를 보게 됐다. 내 문제를 객관적으로 보고 싶었다. 좋은 기회인 것 같아 신청했고, 일주일 후 상담을 받게 됐다.

"마음이 계속 불안해요. 열심히 살고 있는데."

얼마나 열심히 살고 있는지 일과를 최대한 설명했다.

"왜 그렇게 열심히 살아요?"

"지금 아니면 안 될 것 같아서요."

"지금 나이는 지금 아니면 안 되는 것은 없어요. 직업, 결혼, 아이까지 인생에서 중요한 일들을 다 하셨어요."

"……."

"우선순위를 정해 중요한 것만 하고, 나머지는 내려놓으세요."

"……."

"지금부터 '헛된' 시간을 견뎌보는 연습을 하세요."

'시간을 '헛되이' 보내보라.'

열심히 사는 나에게 "그렇게 열심히 살 필요 없다."라고 하니 좀 억울하고 허탈했다. 마치 내 인생을 부정당하는 기분이었다.

'그동안 잘못 살아온 걸까?'

생각이 많아졌다. 몸과 마음이 힘든 것은 분명했다. 과부하가 걸렸다는 것을 인정해야 했다. 억울했지만 변화가 필요했다. 종이에 중요도에 따라 우선순위를 정해보기로 했다. 막막했다. 다 중요한 것 같아 우선순위를 정하기 어려웠다. 잠시 펜을 내려놓고 눈을 감았다. 그리고 긴 숨을 천천히 들이마시고 내쉬었다.

'살 수 있는 날이 딱 하루라면 무엇을 하고 싶을까?'

온 가족이 밥상에 둘러앉아 저녁 식사를 함께하는 모습이 떠올랐다. 그리고 여느 때와 마찬가지로 서로의 건강과 평안에 감사하며 이야기하는 장면이 그려졌다. 눈가에 눈물이 핑 돌았다. 무엇이 가장 중요한지 선명해졌다. 다시 눈을 떴다. 가장 먼저 '건강'을 적었다. 그리고 '가족'을 적었다. 내가 건강해야지 가족과 오래오래 함께할 수 있으니 말이다. 내 건강을 챙기는 일과를 먼저 하고, 더 생기 있게 가족과 많은 시간을 나누고, 그리고 여력이 있다면 자기 계발을 하는 거로 순위를 정했다.

처음에는 몸이 근질근질했다. 밤 아홉 시가 되면 해야 할 일이 산더미여도 무조건 침대에 누웠다. 오늘 애쓴 몸과 마음에 온전한 휴식을 주었다. 전혀 도움 될 것 같지 않은 시간은 나에게 꽤 많은 것을 가져다주었다. 지금 당장 해야 한다고 굳게 믿었던 일을, 좀 미룬다고 해서 큰일이 일어나는 것은 아니었다. 오히려 잠을 충분히 자니 몸이 개운해졌다. 몸이 개운하니 마음도 덩달아 편안해졌다. 가족에게 화를 내거나 짜증을 내는 일이 거의 없어졌다. 그리고 일할 때는 더 집중해서 그 일을 처리할 수 있었다. '헛된' 시간은 결코 나에게 헛되지 않았다. 나에게 가장 필요한 '치유'의 시간이었다.

지금은 아예 통째로 멍 때리는 시간을 만든다. 베란다에 대자로 누워 햇빛 샤워를 하며 숨을 천천히 마시고 내쉰다. 몸은 이완되고 머리는 맑아진다. 숨만 쉬었을 뿐인데 불순물을 걷어낸 것처럼 몸과 마음은 한결 가벼워진다.

헛된 시간이 한없이 고맙다.

결론은 다 '즐거워' 보였다.
얼마나 행복해 보이는지
보는 내내 나도 덩달아 웃음이 새어 나왔다.

무너져도, 또 무너지지 않아도,
결론은 '다' 재미있는 인생을 살고 싶다.

3부

결론은 '다' 재미있어요

가위손

이빨 두 개가 나간 십 센티 조금 못 되는 빛바랜 갈색 플라스틱 빗, 오래돼서 살짝 노란빛이 도는 방수용 커트 보, 광이 나지 않는 은색 스테인리스 가위, 플러그를 꽂아도 이제는 작동하지 않는 유선 바리캉이 들어 있는 종이상자를 조심스럽게 꺼낸다. 그 옆에 강력한 파워에 생활 방수로 세척까지 되는 최신 무선 바리캉도 함께 꺼낸다.

육 년 차 VIP 단골손님을 의자에 앉힌다. 어깨에 하얀 가운을 두른 뒤, 분무기로 잔뜩 물을 뿌려 덥수룩한 머리를 진정시킨다. 차가운 물방울이 살에 닿자, 차갑다며 눈을 찡긋한다. 앞머리는 딱 요만큼만 잘라 달라, 전체적으로 숱을 쳐주라, 대신 짧게 치지는 말아 달라는 둥 끝없이 요구 사항을 이야기한다.

'거참 까다롭네.'

그래도 싫지 않다. 오히려 실력이 변변치 않은 나에게 머리를 전적으로 맡겨주는 그가 고마울 따름이다. 손님은 잔뜩 기대에 부푼 표정으로 거울에 비친 자기 모습을 빤히 바라본다.

살짝 젖은 머리를 갈색 플라스틱 빗으로 쓸쓸 빗어 내린다. 왼손으로 제법 자란 옆머리를 위로 쓸어 올린다. 바리캉 전원을 켠다. 윙 소리와 함께 바리캉으로 거침없이 옆머리를 쓱쓱 훑는다. 까만 머리털이 바닥에 후드득 떨어진다. 다음은 뒷머리다. 바리캉이 지나간 자리에 그의 뒤통수 뽀얀 살이 드러난다. 손님은 까슬까슬한 뒤통수가 어색한지 만지지 말라 해도 계속 만진다. 마지막으로 반대쪽 옆머리를 아까보다는 좀 더 수월하게 깎으면서 마무리한다. 균일하게 잘 다듬어졌는지 한 번 더 바리캉으로 훑으면서 확인한다. 이제는 가위로 손볼 차례다. 빗으로 적당량의 머리를 적당히 모아 왼쪽 검지와 중지로 납작하게 잡는다. 오른손에 든 가위를 오므렸다 벌렸다 그의 반응을 살펴 가며 조심스럽게 잘라낸다. 대충은 된 듯하다.

이제 대망의 앞머리다. 그는 행여 아까 얘기한 주문사항을 잊어버렸을까, 다시 한 번 손가락으로 딱 요만큼만 잘라달라며 힘주어 말한다. 고객 만족도가 앞머리 기장에서 결정된다. 균형에 맞춰 잘 잘라야 한다. 사실 실패 경험이 몇 번 있어 나도 그도 긴장된다. 그에게 잠깐 눈을 감으라고 한다. 그리고 머리카락 들어갈 수 있으니 눈 뜨면 안 된다고 강조한다. 사실은 눈 뜨면 안 되는 진짜 이유가 있다. 혹시 실패했을 때 시간을 벌기 위함이다. 숨을 크게 마시고 잠깐 호흡을 참고, 고도의 집중력을 발휘하여 최대한 반듯하게 잘라본다.

'이런…… 오른쪽이 더 긴 것 같다.'

괜찮다. 아직 시간이 있다. 서둘러 오른쪽을 살짝 더 잘라본다. 기분 탓인가. 다시 보니 왼쪽이 더 긴 것 같다. 다행히 그는 아직 눈을 뜨지 않았다. 재빨리 왼쪽을 살짝 더 잘라본다. 여러 번 '시행착오'를 통해 오늘 이발을 무사히 마쳤다. 끝내고 나니 그제야 허리 뻐근한게 느껴진다. 이제 눈을 떠도 된다고 말한다. 눈을 뜬 손님은 딱 자기가 원했던 머리 길이라며 밝게 웃는다. 다행이다. 그는 일어나서 머리를 털며 끝났다고 좋아하는데, 나는 그의 머리에서 눈을 떼지 못한다.

계속 아쉬움이 남는다.

'옆머리 숱이 균형이 안 맞는 것 같은데…….'

'삐죽 튀어나온 부분을 한 번만 더 다듬자고 할까?'

아쉬운 마음에 다시 가위를 들어 몇 분 더 다듬어 본다. 그는 계속 괜찮다고 하는데, 나는 계속 부족한 부분만 눈에 보인다.

어렸을 적, 이발관 특유의 향은 익숙했다. 비누 향, 염색약 냄새, 남성용 스킨로션이 섞인 향을 맡고 있으면 오히려 마음이 편안해졌다. 사내아이들과 아저씨들만 있는 이발관을 익숙한 듯 성큼성큼 들어갔다. 등받이가 있는 갈색 인조 가죽 의자에 앉아 내 순서가 될 때까지 허공에 발을 앞뒤로 왔다 갔다 하며 기다렸다. 아버지는 옆에 앉아 있는 손님 머리를 마치 '가위손' 마냥 숙련된 기술로 다듬고 있었다. 기다리면서 아버지가 집중하는 모습을 빤히 지켜보았다. 미간에 잔뜩 주름을 잡고, 입은 꾹 다문 채, 살짝 매섭다 싶을 정도로 손님 머리를 살피며 집중하는 모습을 보고 있으면 시간이 후딱 지나갔다. 커트 후 면도, 샴푸, 드라이까지 일련의 순서를 분주하게 끝내놓고 아버지는 가쁜 숨을 몰아쉬며 내게 왔다.

드디어 내 차례가 오다니, 들뜬 마음에 발을 더 잔망스럽게 휘저었다. 아버지는 짧은 머리카락이 군데군데 붙어 있는 하얀 가운을 씌웠다. 목에 까슬까슬한 촉감이 불편해서, 시작 전부터 팔을 들썩이고 고개를 움직이기 시작했다. 아버지는 진지한 말투로 움직이면 안 된다며, 내 고개를 앞으로 돌려 놓았다. 아버지는 능숙한 손놀림으로 분무기로 서너 차례 물을 뿌리며 이발의 시작을 알렸다. 짧은 앞머리는 어색하니 딱 요만큼만 잘라 달라며, 잊어버리지 않게 몇 번을 반복해서 말했다. 아버지는 걱정하지 말라며 나를 안심시켰다. 꽤 오랜 시간 동안 허리를 숙여 꼬마 숙녀의 심사가 꼬이지 않게 최선을 다해 잘라주었다. 보고 또 봐서 삐져나온 부분이 있으면, 다시 자르고 여러 번 확인하기 일쑤였다. 몸에 좀이 날 것 같았다. 이발을 기다리고 있는 아저씨들이 웃으면서 농을 던졌다.

"허허. 우리 잘라주는 거랑 너무 다른데?"

아저씨들의 시샘 어린 시선을 견디며 끝나기만을 기다렸다. 드디어 끝났다. 아버지는 하얀 가운을 벗기고, 스펀지로 이마 코 목까지 구석구석 머리카락을 털어 주었다. 그리고는 눈에 혹시 들어갔을까 몸을 낮춰 내 눈을 보며 후후 불며 남아 있는 머리카락을 날려주었다.

"마음에 들어? 이제 머리 감자."

아버지는 딱딱한 분홍색 세숫비누로 쓱쓱 문질러, 하얀 거품을 내서 머리를 재빨리 감겨주었다. 향긋한 비누 향이 퍼졌다. 플라스틱 바가지로 여러 번 헹구어 내고, 귀 뒤까지 꼼꼼히 씻겨 주었다. 그리고는 의자에 앉힌 다음, 빨간색 바탕에 흰색 줄무늬가 있는 이발관 전용 수건 양 끝을 잡았다. 수건을 현란하게 위아래로 움직이며 머리 물기를 털어 주었다. 요즘 항공기 모터 드라이기 못지않을 정도로 수건 털기 삼분이면 머리가 보송보송해졌다. 예쁘다고, 마음에 든다고, 여러 번 얘기해도, 아버지는 허리를 숙여 부족한 부분을 몇 번이고 확인했다. 그날 저녁 식사를 하면서도, 아버지 눈길이 내 머리에서 떠나지 않는 것을 느낄 수 있었다. 식사 후에도 텔레비전을 보고 있는 나를 힐끔힐끔 계속 여운이 남은 표정으로 보았다.

지금은 지극 정성 아버지의 이발 서비스를 받을 수 없다. 육 년 전, 아버지는 이제는 아프지 않은 곳으로 떠났다. 아버지는 이용업에 대한 자부심이 대단했었다. 친구들은 미용실에서 자르는데, 나는 이발관에서 자른다고 괜히 한 번씩 마음에도 없는 투정을 부렸다. 그럴 때마다 단호하게 '미용'과 '이용'은 엄연히 다르다고 강조하였다. 이용은 훨씬 정교하고 세심하다고……. 아버지는 가정형편이 넉넉지 못해 열일곱 살 때부터 이용 기술을 배워 자립했다.

당시 아버지는 이용업계에서 실력이 꽤 알려져 있었다. 이용사 자격증 실기 시험 심사위원으로 위촉되어 심사를 보곤 했다. 이용 기술을 배우고 싶은 사람들이 아버지 밑에서 일하면서 기술을 배워 갔다. 실력으로 입소문이 나서 이발관은 늘 문전성시였다. 남들이 쉬는 공휴일은 밀려드는 손님들 때문에 한 끼도 못 먹고 종일 일하는 일은 다반사였다. 아버지 몸을 녹여내 사 남매를 키워냈다고 해도 과언이 아니다. 아버지는 나에게 자부심이었다. 머리를 자른 다음 날은 친구들 앞에서 보란 듯이 머리를 우아하게 쓸어 넘겼다.

"우리 아빠가 잘라준 거야."

덕분에 아버지 직업을 모르는 반 친구는 한 명도 없었다.

삼십 대 중반까지 내 머리는 아버지가 잘라주었다. 굳이 세

세하게 말하지 않아도 다 '알아서' 잘라주었다. 사위, 손주들도 아버지에게 머리를 전적으로 맡겼다. 아버지가 아프신 뒤로, 항암 치료 후 기운이 없어 누워있다가도 자식들이 오면, 이발만큼은 직접 다 해주었다. 굳이 몸이 아픈 아버지에게 머리를 잘라달라고 넉살 좋게 부탁하는 것이 좋았다. 아버지 역시 자식들에게 당신이 해줄 수 있는 고유의 영역이 있는 것을 기쁘게 생각했다. 베란다 간이 의자에 앉아 햇빛을 받으며, 아버지가 머리를 잘라주는 동안, 둘이 이런저런 이야기를 하곤 했다. 아버지에게 머리를 맡기면, 자장가를 듣고 잠이 드는 아가처럼 한없이 마음이 평온해졌다. 무엇보다 '공식적'으로 아버지를 독차지할 수 있는 시간이었다.

아들 녀석이 이발할 때가 되었을 때, '시간 되면' 주말에 이발하러 간다고 했다. 아버지는 그날부터 바리캉을 꺼내 충전했다고 한다. 혹시 배터리가 닳아졌을까 또 충전하고 또 충전하고……. 시간 나면 간다고 한 딸에게 부담이 될까, 언제 오는지 물어보지 못하고, 올 때까지 충전을 계속해놓았다는 것을 뒤늦게 들었다.

아버지가 먼 곳으로 떠나시고 아들 머리가 이발할 때가 되어 처음으로 미용실을 데리고 갔다. 외할아버지가 잘라줄 때는 가만있던 녀석이 미용실에서는 큰소리로 울고불고 난리를 쳤다. 이후 아들은 머리가 덥수룩해져도 끝까지 미용실에 가지 않겠다며 버텼다. 주말에 어머니와 함께 아버지 유품을 정리하는 도중, 이발 도구 상자를 발견했다. 그 상자 안에는 아버지의 손때가 묻은 흰 가운, 은색 가위, 갈색 플라스틱 빗, 그리고 바리캉이 들어 있었다. 어머니가 버리려는 것을 고집을 부려 집에 가져왔다.

그날 집에 돌아와 바리캉 전원을 켰다. 그때까지도 충전이 되어 있었다. 아버지가 옆에서 지켜보고 있는 듯했다. 무슨 용기였는지 아들을 앉혀놓고 그날 이발이라는 것을 했다. 덜덜 떨리는 게 내 손인지 바리캉인지 구분이 안 됐다. 우선 뒤통수에 바리캉을 댔다. 살이 깎이면 어떡하나 겁이 났다. 아래에서 위로 천천히 깎았다. 어깨너머로 봐왔던 세월은 무시 못 하나 보다. 무식하게 첫 시도를 한 것 치고는 나쁘지 않았다. 쥐 뜯어 먹은 듯 못난 머리를 만들어 놔도 아들은 좋아했다. 첫 번째 보다 두 번째가 나았고, 세 번째는 봐줄 만했다.

하면 할수록 이발 기술은 조금씩 늘었다. 전문가 실력은 아니었지만, 적어도 미용실에서 진땀 뺄 일은 없으니 아들도 나도 마음이 편했다. 일곱 살 때 잘라주기 시작해, 지금은 초등학생 오학년이 됐는데도, 여전히 아들은 나에게 이발을 부탁한다. 엄마가 해주는 이발이 세상에서 제일 좋단다. 이발하는 시간만큼은 원 없이 아들의 눈을 빤히 볼 수 있다. 아버지가 나의 눈을 한없이 보았던 그 따스한 눈빛으로, 나 역시 아들 눈을 본다. 아들과 온전히 교감할 수 있는 선물 같은 시간이다.

아버지가 내 머리를 직접 잘라주며 바라보던 눈빛이 사무치게 그리울 때, 굳이 이발할 때가 되지 않은 아들에게 말해본다.

"아들! 오늘 이발 한 번 할까?"

완벽하지 못한 축사

"이 바나나 얼마에요?"

"한 손에 칠천 원입니다."

"에이. 점박이 있으니까 육천 원에 주세요."

"저…… 선생님, 저 ㅇㅇㅇ입니다."

"…….."

짧은 시간에 수많은 내적 갈등을 겪는다. 기억난다고 해야 하는지, 사람 잘못 봤다고 해야 하는지. 결국 어색한 웃음으로 알은체를 했다. 몇 년 전에 가르쳤던 제자였다. 어머니 장사 일을 돕고 있는 거라고 했다. 일요일 오후, 세수도 하지 않고, 검은색 뿔테 꺼벙이 안경에, 무릎 나온 트레이닝 바지를 대충 입고 나온 것도 모자라 무식하게 깎는 모습을 보였다니……. 쥐구멍이라도 있으면 들어가고 싶었다. 결국 점박이

가 있는 바나나 한 손을 사고, 눈도 못 마주치고 급하게 빠져
나왔다. 그때 이후 그 과일가게는 가지 않는다.

"저기요! 여기는 칭따오 맥주 없어요?"
"선생님! 저…… 기억 안 나세요?"
"……."
이번엔 주류다. 차라리 과일이 나왔다. 제자 녀석이 대학생이 되어 시간제로 마트에서 일하고 있었다. 본의 아니게 제자에게 내 맥주 취향까지……. 의도치 않게 과한 정보를 알려주게 됐다. 술고래 선생님으로 낙인 될까, 당혹스러운 표정으로 그냥 물어본 거라고 했다. 이런저런 인사를 나누고 당장 필요하지도 않은 카레용 돼지고기만 사서 급하게 나왔다. 이후 좀 비싸더라도 다른 마트로 간다.

졸업 후 학교가 아닌 곳에서 '준비'가 안 된 상태로 제자를 만나는 일은 반가우면서도 살짝 당혹스럽다. 그런데도 '준비'가 안 된 모습조차도 거리낌 없이 편하게 보여줄 수 있고, 언제든 뛰어나가 만날 수 있는 제자 한 명이 있다.

열심히 준비했던 첫 임용고시에 보기 좋게 떨어졌다. 다행히 대학교 졸업 직후 기간제 교사로 여자고등학교에 채용이 됐다. 누군가 '선생님'이라고 불러주기만 해도, 볼이 빨개졌다. 어색하고 감격스러웠다. 사실 호칭만 선생님이었지, 소풍 날 사복 입은 학생들과 섞여 있으면 구분하기 힘든 어리바리한 사회 초년생이었다. 매일 전공 서적을 잔뜩 넣은 책가방을 메고, 버스로 출퇴근을 했다. 퇴근 후 도서관에 들러 임용고시를 준비했다.

그날도 마찬가지 아침에 학교 가는 만원 버스에 몸을 쑤셔 넣고 간신히 탔다. 사람들 틈에서 좌우로 쏠리고, 앞뒤로 쏠려 정신이 혼미해질 때쯤, 낭랑한 목소리가 들렸다.
"선생님! 여기 앉으세요."
'선·생·님'
듣기만 해도 부끄럽지만, 감동적인 '선생님'이라는 호칭으로 자리를 양보하는 여학생이 있었다. 한사코 괜찮다고 해도 선생님이 앉아야 한다며 반강제로 앉혔다. 그 계기로 매일 아침 흔들리는 만원 버스에서 수많은 이야기를 나누었다. 대화하기에 그다지 최적의 장소는 아니었지만, 진로·학업·취업

그리고 교우관계까지 나름 심도 있는 주제로 이야기를 나누다 보면 금세 학교였다. 매일 아침 그 아이를 만나는 것이 하루 시작이자 기쁨 중 하나였다. 간혹 늦잠 자서 버스 놓치는 날은, 지각하는 것보다 그 아이를 못 만나는 것이 더 안타까웠다.

만약 지금 만원 버스에 사람들 틈에서 찌그러져 있는 나를 학생 누군가가 알은체하면, 다음 날 다른 버스로 바꿨을 것이다. 그때는 누군가가 나를 '선생님'이라고 불러주는 제자와 함께 아침을 시작하는 일상이 마냥 기다려졌다. 그 아이는 서툴고 엉성한 내 수업을 누구보다 성실한 태도로 경청해 주었다. 점심 후 졸리는 시간이면, 몰래 내 책상 위에 커피나 달달한 초콜릿을 놓고 가기도 했다. 지금 같으면 '김영란법'으로 상상할 수 없는 광경이지만 그때는 가능했다.

사실 다른 학생들보다 그 아이가 나에게 좀 더 특별했던 이유가 있었다. 다른 사람에게는 쉽게 말할 수 없는 힘든 집안 사정을 나에게는 다 말해주었다. 나 같았으면 남 탓도 하고, 얼마든지 부정적으로 받아들일 수 있는 상황에서도, 그 아이는 참 단단했다. 자신의 힘든 상황을 묵묵히 그리고 덤덤하게 인정하고, 지금 할 수 있는 일에 최선을 다했다. 고운 성품 덕분에 선생님들에게는 성실한 학생으로, 친구들에게는 무한한 신뢰를 받는 아이였다. 도움이 필요한 친구들을 외면하지 않고, 남들이 피하는 일도 묵묵히 하는 아이였다.

그 단단한 아이는 물컹한 나에게 늘 조언을 구했다. 나도 내 진로가 불안했고, 공부 방법이 맞나 늘 헷갈렸고, 인간관계 문제로 잠 못 이루는, 한없이 약하고 불완전한 존재였다. 현실은 초라한 임용고시 재수생이었다. 그 아이는 그런 나에게 '선생님'이라고 불러주면서, 힘든 일이 있을 때마다 상담을 청했다. 그때마다 '선생님'이라는 호칭에 맞게 적절한 도움을 주기 위해 최선을 다했다. 서툴고 완벽하지 않았던 내 모습을 누구보다 훌륭하고 완벽하다고 절대적으로 믿는 아이였다.

매일 퇴근 후 늦게까지 임용고시 준비를 치열하게 했다. 일 년 후 운 좋게 합격했다. 겨울방학이라 학생들과 미처 작별 인사도 못 하고 새 학교로 옮기게 되었다. 그 아이에게는 차마 '기간제 교사'였고, 임용고시에 합격해서 떠난다고 말할 수가 없었다. 개학 후 뒤늦게 알게 된 그 아이는, 급식도 먹지 않고 종일 우느라 목이 쉬었다고 했다. 하교 후 쉰 목소리로 나에게 전화를 걸어 서럽게 울기만 했다. 전화기 너머로 들리는 우는 소리가 너무 처량해서 어떤 말도 할 수가 없었다. 한참 동안 흐느끼는 소리만 듣고 있었다.

 이후 그 아이는 늘 그렇듯 계속해서 연락을 해왔다. 대학생이 된 후, 주말에 함께 영화를 보고, 종종 집에 놀러 와서 스파게티를 직접 만들어 주기도 했다. 내 결혼식 날, 신부대기실에서 종일 궂은일을 도와주며 내 곁에 있어 주었다. 그 아이는 지금 SNS에서 핫한 카페 사장님이 됐다. 자신의 꿈을 찾기 위해 무던히도 노력하는 친구였다. 어려움이 있을 때마다 긍정적으로 덤덤하게 그 상황을 이겨냈다. 누구보다 그 과정을 잘 알기에 해줄 수 있는 건, 응원 말고는 달리 도와줄 것이 없었다.

 사실 도와주기는커녕 내가 조언을 얻어야 할 정도로 내면이 성숙하고 배울 점이 많은 아이였다. 그런데도 그 아이는 힘든 일이 있을 때마다 집 앞까지 찾아왔다. 고작 내가 하는 말 몇 마디를 듣기 위해서……. 집 근처 카페에서 저녁에 만나 새벽까지 이야기를 나누었다. 녹록지 않은 사회생활부터 연애 이야기, 앞으로의 진로 이야기까지 서로 위안을 주고받았다. 처음 만났을 때가 내 나이 스물네 살이었는데, 그 친구는 지금 이십 대 후반이 되었다. 지금 생각해보면 어린 나이인데 세상에 대해 뭘 안다고 그렇게 아는 척을 했을까……. 매우 부끄럽다.

한번은 남자친구가 생겼다며 연락이 왔다. 이야기를 들어보니 연애는 좋지만, 결혼에 관해서는 다소 회의적이었다. 지금 상황도 버거운데 누군가 책임져야 하는 것이 부담스럽다고 했다. '선생님'이라는 호칭에 맞게 또 주제넘게 조언했다.

"마음껏 기대도 되는 사람 만나. 넌 그래도 돼."

몇 달 후 그 아이에게 전화가 왔다.

"선생님! 드디어 만났어요!"

속전속결로 결혼 이야기가 나오더니 결혼식 날짜까지 잡았다고 했다. 거기까지는 좋은데 난감한 부탁을 했다.

"축사를 해주셨으면 좋겠어요. 선생님이 아니면 안 돼요."

그런 부탁할 거면 결혼식에 안 간다고 협박까지 했지만, 결국 간절한 청을 외면하지 못했다.

 부족했던 내 모습을 누구보다 완벽하다고 믿어주었던 아이……. 그 아이에게 누구보다 '완벽한' 축사를 해주고 싶었다. 함께 한세월이 주마등처럼 지나갔다. 쓰면서 청승맞게 훌쩍이면서 결혼식 전날까지 고치고 또 고쳐 축사를 완성했다.

 어느 멋진 가을날, 신부대기실에 하얀 웨딩드레스를 곱게 차려입은 그 아이가 앉아 있었다. 눈에 어릴 정도로 아름다웠다. 교복을 입고 버스에서 처음 만났던 순간이 흑백사진처럼 떠올랐다. 괜스레 눈시울이 빨개졌다. 결혼식이 시작되고 축사 순서가 다가왔다. 앞으로 올라가 그 아이를 봤다. 평생 지켜줄 든든한 사람과 나란히 서 있는 모습을 보니, 간신히 참고 있던 눈물이 왈칵 쏟아졌다. 그 아이도 울고 나도 울었다. 목이 콱 막혀서 목소리가 나오지 않았다.
 '망했다.'
 완벽한 축사는 아무래도 힘들 것 같다. 조용히 흐느끼는 소리만 마이크에 들렸다.
 당황한 사회자가 공백을 깼다.

"자 여러분! 박수 한번 부탁드립니다."

그 아이가 나를 보고 고개를 끄덕였다. 꽉 막힌 목을 간신히 뚫고 시작했다.

"십 년 전 저는 웨딩드레스를 입고 있었고, 곁에서 저의 결혼을 누구보다 진심으로 축하해주던 한 아이가 있었습니다. 오늘, 그 아이가 웨딩드레스를 입은 채 제 앞에 서 있고, 저는 누구보다 이 결혼을 기쁜 마음으로 축하하고자 이 자리에 서게 되었습니다."

떨리는 목소리로 겨우겨우 축사를 마쳤다. 주책없이 흐르는 눈물 탓에 아쉬움이 남는 축사였지만, 그 아이는 세상에서 가장 '완벽한' 축사였다며 몇 번이고 고맙다는 말을 전했다.

"선생님! 저 오늘 고민 있는데 뵙고 싶어요."

가끔 '선생님'이라는 직업을 귀하게 여기는 마음이 희미해질 때쯤, 이 아이는 귀신같이 알고 확인시켜 준다. 그래도 내가 누군가에게는 썩 괜찮은 '선생님'이라는 사실을……

모자람이 주는 선물

"피아노 학원 다니고 싶지 않아?"

딸이 초등학교 일학년 때였다. 분명 피아노에 관심은 있는 것 같은데, 통 피아노 학원을 보내 달라고 말하지 않은 딸에게 물어보았다. 딸은 사뭇 진지한 표정으로 대답했다.

"배우다 재미없어서 그만두면, 엄마 아빠가 힘들게 번 돈이 너무 아깝잖아요. 진짜 배우고 싶으면 그때 말씀드릴게요."

"그래. 결정되면 언제든지 말해줘."

지나치게 속 깊은 딸이 속상했다. 마음으로는 그냥 다니라고 말하고 싶었지만, 꾹 참았다. 믿고 기다려 주었다. 일 년 후 딸은 피아노를 배우고 싶다고 했고, 오 년째 누구보다 피아노를 즐기면서 다니고 있다.

"우리 아들이 먹고 싶은 과자 골라! 엄마가 사줄게!"
"집에 가서 사과 먹으면 돼요. 돈 아깝게 왜 사요?"

우리 집에서는 '흔한' 대화다. 될 수 있으면 돈을 쓰지 않으려는 아이들을 보면, 사실 내 책임이 크다. 철마다 입는 옷, 세 끼 골고루 먹는 음식, 문구점에서 사는 학용품은, 엄마 아빠가 비가 오고 눈이 와도 몸이 피곤하고 아파도, 매일 일해서 번 귀한 돈에서 나온 거라고, 늘 말해왔다. 당연한 것은 없고, 늘 감사한 마음을 잊지 않아야 한다고 했다. 그래서 그런지 아이들이 경제 관념이 과도하게 투철할 때가 종종 있어 당혹스러울 때가 있다.

아이들이 꼬물꼬물했을 다섯 살 때, 스무 살 때는 독립을 해야 하니, 천천히 준비해야 한다고 말했다. 듣고 있던 둘째가 눈을 동그랗게 뜨며 물어본다.

"독립이 뭐예요?"
"음…… 엄마 아빠 품을 떠나 스스로 살아가는 거야."

처음에는 싫다고 엄마 아빠랑 같이 살겠다고 서럽게 울었던 아이들이, 지금은 장학생 조건으로 들어갈 수 있는 기숙사가 있는 대학교를 알아보고 있다. 장학생으로 들어가면 기숙

사와 학비가 면제된다는 것을 알았나 보다. 딸은 이제 초등학교 육학년, 아들은 오학년이다.

 스무 살에 경제적 자립을 해야 하니, 지금부터 돈을 모을 수 있도록 도와주겠다고 했다. 가족회의에서 정한 집안일을 하면, 하나당 백 원으로 계산해서 매달 용돈을 준다. 덕분에 아이들은 빨래, 밥, 요리, 설거지 등 못 하는 게 없는 살림꾼이 됐다. 약속이 있어 늦는 날이면, 스스로 밥해서 먹고 설거지까지 해놓는다. 매달 돈을 받는 것이 미안한지, 종종 자비도 베푼다.

 "이번 달 이만천 원인데 그냥 이만 원만 주세요."

 심지어 그렇게 힘들게 번 돈으로 엄마 아빠 생일 선물로 용돈을 준다. 하루는 초밥이 먹고 싶어 그냥 지나가는 말로, "아! 초밥 한번 마음껏 먹으면 소원이 없겠다."라고 했다. 무심코 내뱉은 말을 딸은 마음 아프게 들었나 보다. 딸은 그동안 온갖 집안일로 번 돈으로, 내가 초밥을 마음껏 먹을 수 있을 정도의 큰돈을 선물했다. 한사코 사양했지만, 엄마가 마음껏 초밥 드시는 게 자기 소원이라며 고집을 피웠다. 결국 코 묻은 돈으로 초밥을 애써 먹었던 기억이 있다. 맛은 참 좋았다.

책은 대부분 대여하거나 중고로 사서 읽어주었고, 옷은 아나바다 시장에서 일 년 치 옷을 한꺼번에 사서 입혔다. 티셔츠가 오백 원, 원피스가 천 원이다. 잘만 찾으면 깨끗하고 충분히 질 좋은 옷을 살 수 있다. 게다가 그 돈은 기부가 되는 형식이니 여러모로 이득이다. 아무리 많이 사도 삼만 원 미만이다. 하나에 몇만 원씩 하는 고가 장난감은 당연히 사주는 일이 없었다. 대신 시간만 나면 동네 뒷산을 산책 삼아 다녔다. 흙, 나뭇가지, 지천으로 피어 있는 꽃들로 종일 놀아도 부족함이 없었다. 어렸을 적 사교육은 일체 하지 않았다. 할머니 품에서 푸지게 노는 것이 제일 영양가 있는 교육이라고 생각했다. 생각해보면 아이들에게 돈 쓰는 것을 별로 보여 준 일이 없다.

내가 초등학교 오학년 때였다. 사실 시골에서는 학교가 끝나면 달리 할 게 없었다. 고학년이 되면서 영어 공부를 하고 싶었다. 당연히 가르쳐주는 곳이 없었다. 그 당시에는, 중학교 입학 후에나 영어 과목을 배울 수 있었다. 영어를 배우고 싶은 마음에 학교가 끝나면, 노트에 영어 발음을 한국어로 적고 더듬더듬 읽었다.

'이게 맞았는지 틀렸는지 누가 알려주면 얼마나 좋을까?'
답답했다. 그리고 간절했다. 육학년 때 광주로 이사를 했다.

도시로 이사 와서 처음으로 '영어 학원'이란 곳을 다녔다. 방과 후 무료한 시간을 배움의 기쁨으로 채울 수 있었다. 황홀한 '첫 경험'이었다. 배우고 싶을 때, 배울 수 있는 곳이 있다는 것만으로도 눈물 나게 감사했다. 어머니는 양품점, 아버지는 이발관을 하며 하루도 쉬지 않고 번 돈으로 학원비를 대주셨다. 결코 그냥 나온 돈이 아니라는 것을 어린 나이에도 알고 있었다.
'이 돈만큼 아니 그 이상을 꼭 여기서 배워야지.'
학원에서 선생님이 말하는 모든 내용은 적고 암기했다. 그 시간을 헛되이 보내는 일은 부모님이 힘들게 일해 번 돈을 버리는 거나 마찬가지라고 생각했다.

하루는 호우주의보가 내린 전날, 학원 선생님은 말했다.
"내일은 태풍 때문에 학원 수업이 없습니다."
모두 환호성을 질렀다. 나를 제외하고는…….
'휴……. 하루면 돈이 얼마인데.'

다음 날, 앞이 보이지 않을 정도로 비가 쏟아졌다. 학원 갈 시간이 되자 안타까운 마음에 창밖을 내다보았다.

'혹시나 수업을 할 수도 있지 않을까?'

다시 집에 돌아올 마음으로 가방을 메고 집을 나섰다. 우산대가 맥없이 휠 정도로 한 발 나가는 것조차 버거웠다. 기를 쓰고 갔다. 학원에 도착했을 때는 온몸이 비로 흠뻑 젖었다. 조용히 학원 문을 열고 들어갔다.

깜짝 놀란 원장 선생님이 물었다.

"어쩐 일이니? 오늘 학원 수업 쉰다고 했는데?"

머리는 빗물에 젖어 물이 뚝뚝 떨어졌다. 눈에 맺힌 빗물을 닦으며 멋쩍게 말했다.

"혹시라도 수업할 수 있지 않을까 해서 그냥…… 와봤어요."

차마 돌려보낼 수 없었던 원장 선생님은 젖은 옷이 마를 때까지 일대일 수업을 해주었다.

'결핍'. 나에게는 적절한 결핍이 통했다. 부모님은 가게 일로 늘 바빴다. 내가 배우고 싶다고 느끼기 전에 먼저 권하는 일은 없었다. 내가 알아서 내 인생을 고민하고 책임져야 한다는 생각이 강했다. 하지만 부모님이 나를 사랑한다는 생각에는 의심이 없었다. 아무리 바빠도 어머니는 늘 끼니를 손수 챙겨주었고, 볼을 비비며 사랑한다고 속삭여 주었다. 아버지는 한 번씩 사랑이 가득한 눈으로 그윽하게 바라봐 주었다. 남에게 해를 끼치는 행동은 하지 않아야 한다며, 사람으로서 꼭 지켜야 할 큰 울타리를 쳐주었지만, 그 울타리 안에서만큼은 내가 마음껏 결정하고 책임지며 살아가는 것을 허용했다. 지금 독립적인 성격도 적절한 결핍 덕분이라고 생각한다. '모자람'이 준 선물이다.

두 아이의 엄마가 되었다. 아이가 필요하다고 느끼기 전에 부모가 만든 로드맵으로 단계별 교육을 하는 경우를 종종 본다. 전혀 불안하지 않다면 거짓말이다. 부모로서 갈팡질팡 고민되는 순간은 늘 있다.

'아이가 잘될 기회를 놓치고 있는 것은 아닐까?'

수십 번 아니 수백 번 고민한다. 매번 흔들리면서 아이를 키우고 있는 나약하고 줏대 없는 엄마다. 다만, 마음의 결핍만은 비집고 들어오지 않게 사랑만큼은 넘치도록 표현한다. 아무리 피곤해도 오늘 하루는 어땠는지, 즐거운 일과 슬펐던 일은 뭐였는지 껴안으면서 이야기를 나눈다. 틈만 나면 손 편지로 사랑 고백을 한다. '엄마'라고 불렀을 때, 아무리 급한 일이 있어도 눈을 마주 보며 이야기를 들어준다. 다행히 아이들은 몸도 마음도 건강하게 잘 커 주고 있다. 감사할 따름이다. 사실 정답은 없다. 욕심을 부리자면 아이들을 믿고 기다려 주는 좀 더 단단한 부모가 되고 싶다.

오! 마이 캡틴, 나의 딸

숲 해설사 양성과정을 신청할까 말까를 몇 주 고민했다. 숲에 관심이 많아 꼭 배워보고 싶은 분야였다. 하지만 수강료가 만만치 않았고, 시간 투자도 꽤 부담이었다. 몇 주 고민해도 답이 나오지 않았다. 마침 옆에서 동화책을 읽고 있는 딸이 보였다. 책 읽을 때 되도록 말을 걸지는 않지만 답답한 마음에 물어보았다.

"엄마 숲 해설가 공부할까? 말까?"
초등학교 이학년인 딸은 의아한 눈빛으로 나를 몇 초 쳐다봤다. 그리고 답했다.
"왜 그걸 저한테 물어보세요? 엄마 마음에게 물어봐야지."
"……"

할 말이 없었다. 우문현답이었다. 내 '마음'에게 물어봤다. 딸의 명쾌한 조언 덕분에 더는 고민하지 않고 숲 해설사에 도전할 수 있었다. 그 후 중요한 질문은 타인이 아닌 '나'에게 한다.

가끔 주지 스님 같은 말로 한 번씩 우매한 엄마를 깨우쳐 주는 딸 이야기를 해보고 싶다. 그날은 직장 동료와의 관계가 힘든 날이었다. 기분 나쁜 말이 계속 머릿속에 맴돌아 집에서도 기분이 영 개운치 않았다. 가족과 밥 먹는 시간에도, 아이들에게 동화책을 읽어주는 시간에도, 머릿속은 계속 그 생각으로 엉켜있었다. 그날 침대에 둘이 누워 꼭 껴안고 그날 있었던 일에 관해 이야기를 나누었다.

"오늘 직장에서 조금 힘든 일이 있었어. 기분이 계속 나쁜데 어떻게 해야 할까?"

사뭇 진지한 표정으로 듣던 딸이 입을 연다.

"제가 작년에 친구랑 사이가 좋지 않아서 힘들었잖아요. 그런데 지금 돌이켜보면 '그게 그렇게 힘든 일이었나?' 이런 생각이 들더라고요."

"……."

"엄마도 어차피 나중에는 괜찮아져요. 그러니까 너무 심각하게 생각하지 말아요."

'어차피…… 괜찮아진다…….'

철학책을 읽다 가슴을 후벼 파는 구절을 찾은 느낌이다. 일차원적이고 단면적인 나한테 어떻게 이토록 사고가 입체적인 아이가 나왔을까 매번 놀란다. 딸의 하루를 보면 자기 계발서보다 더 건강한 자극을 준다. 절로 '내 딸처럼 인생을 살고 싶다'라는 생각을 하게 된다.

초등학생 딸의 하루는 이렇다. 누가 시키지도 않는데 매일 아침 새벽 여섯 시에 일어난다. 책을 읽으면서 하루를 시작한다. 걷는 것을 좋아해서 도보로 왕복 두 시간이 걸리는 학원을 걸어간다. 가는 길에 음료수 사 먹으라고 돈을 주면, 물 먹으면 된다고 한사코 거절한다. 걷다가 날씨 좋은 날은 벤치에 앉아, 다이어리에 시를 쓰고 그림도 그린단다. 나를 닮아 흥이 많다. 친구들과 댄스 동아리를 만들어 주말마다 아파트 정자에서 아이돌 춤을 연습한다. 샤워할 때는 요즘 푹 빠져있는 뮤지컬 OST를 큰 소리로 부른다. 잘 시간이 다가오면 간단하게 스트레칭을 하고, 아홉 시에 잠을 잔다. 야식 먹자며 달콤한 제안을 해도 단호하게 거절한다. 다음 날 아침에 일어났을 때 후회하기 때문이란다.

해외여행 기간에도 예외는 없다. 여행 일정으로 모두 피곤해서 다 자는 새벽에도 어김없이 여섯 시에 일어난다. 가족이 혹시 깰까 봐 조용히 화장실로 들어가, 변기 위에 책을 펴고 공부한다. 혹여 그날 공부가 다 끝나지 않았다면, 딸 공부가 끝날 때까지 기다려야 한다. 끝났다고 하면 그때서야 일정을 시작할 수 있다. 늘 '놀' 궁리를 하는 나는 종종 딸 눈치를 본다.

딸이 유치원 다녔을 때, 선생님은 동화구연대회 나가보라며 제안했다. 그날 나는 등산 계획이 있었다. 적당한 핑계로 거절했다. 딸의 동화구연대회보다 나의 등산 일정이 더 중요했다. 눈치 없는 선생님은 딸이 재능이 있다며 계속 권했다. 이번에도 거절하면 진짜 이상한 엄마로 소문날 것 같았다. 결국 울며 겨자 먹기로 나간다고 했다. 그 와중에도 대회가 끝나면 바로 가까운 뒷산이라도 놀러 갈 궁리를 하고 있었다. 내심 예선전에서 떨어지기를 기대했다. 그만큼 놀 수 있는 시간이 더 앞당겨진다고 생각했기 때문이다. 대회 당일 주말이라 나는 평소대로 늦잠을 자고 있었다. 딸은 늘 그렇듯 스스로 아침을 먹고 나를 깨웠다. 나는 등산복을 입고, 딸은 평소대로 본인이 입던 옷을 입었다.

도착해보니 규모가 제법 큰 동화구연대회였다. 대회 전 로비 풍경은 문화 충격이었다. 엄마들의 열기는 실로 대단했다. 대부분 여자아이는 미용실에서 잔뜩 힘을 준 올림머리를 하고, 레이스가 풍성한 공주 드레스를 입고 있었다. 대본에 맞는 율동을 엄마가 다 외워 연습시키고 있는 엄마, 해질 대로 해진 대본을 들고 대사가 맞지 않다며 혼을 내는 엄마, 손수 준비한 형형색색의 캐릭터 주먹밥을 입에 넣어주는 엄마까지…….

다른 세계의 사람들이었다. 등산 일정이 더 중요하다며 딸 대회를 어떻게든 고사했던 나와는 달라도 너무 다른 사람들이었다. 흙먼지가 묻은 운동화에 평상복을 입고 있는 딸이 눈에 들어왔다. 뭐라도 해야 할 것 같았다.
"우리도 구석에 가서 저 사람들처럼 연습해보자."
다급한 나와 달리, 딸은 조금도 동요되지 않았다.

"평소 하던 대로 하면 돼요. 안 하던 것 하면 오히려 더 집중 안 돼요."

살짝 무안해진 나는 딸과 함께 조용히 순서를 기다렸다. 딸은 순서가 되자 무대에 올라갔다. 매일 성실하게 외웠던 대본을 막힘없이 말했다. 표정, 발음, 그리고 속도까지 모두 완벽했다. 관중들의 박수가 다른 참가자들보다 훨씬 컸다. 딸은 그날 흙먼지가 잔뜩 묻은 운동화를 신고 무대에 올라가 금상을 받았다.

모든 것을 알아서 챙겨주는 엄마가 아니다 보니, 엄마 믿고 있으면 큰일 나겠다 싶어 어렸을 적부터 저렇게 독립적이고 속이 깊나 싶다. 하루는 직장이 끝나고 집에 가는 길에 딸 전화를 받았다.

"엄마! 혹시 식사하셨어요?"

"왜?"

"집에 김치볶음밥 일 인분 정도만 남아 있는데, 제가 먹어버리면 엄마는 드실 게 없잖아요."

"엄마 밥 먹었어. 우리 딸 먹어도 돼. 얼른 먹어!"

"정말요? 사실 배고파서 너무 먹고 싶었는데 엄마 생각나서 여쭤봤어요."

그날은 밥을 먹지 않아도 배부른 날이었다. 자식이 부모 끼니를 걱정하다니……. 운전하는데 계속 웃음이 났다.

자기 하루를 누구보다 사랑하는 아이, 주변에 쉽게 휘둘리지 않는 아이, 흥이 많아 춤추고 노래 부르는 것이 행복한 아이 그리고 부족한 엄마를 최고로 알고 늘 사랑해주는 아이……. 딸처럼 살아보고 싶다. 내일은 딸과 함께 새벽에 일어나서 책을 읽어야겠다. 며칠 할 수 있을지 모르지만…….

무너져도 괜찮아

여름방학 때 가족과 함께 제주도 여행을 갔다. 제주도에서 일 년 살았던 경험이 있어, 새로운 관광지보다 익숙한 주변 바닷가나 오름에서 대부분 시간을 보냈다. 바닷가에서는 물놀이나 모래놀이를 하고, 오름에서는 걷기나 달리기를 하면서 시간을 보냈다.

하루는 저녁을 먹고 소화도 시킬 겸 밤바다 구경 가자고 제안했다. 보통 잘 준비를 하지만, 곧 있으면 여행이 끝난다는 아쉬움에 계획에 없던 밤바다 구경이 하고 싶어졌다. 생각해 보니 밤바다에 별로 가본 적이 없다. 잘 준비하려던 참에 엄마가 밤바다를 보러 가자고 하니 아이들은 신나서 호들갑을 떨었다.

가까운 곳에 있는 중문 색달 해수욕장으로 갔다. 그곳은 높은 파도가 있어 서핑으로 유명한 곳이다. 박력 있고 활기찬 분위기로 늘 생동감이 넘치는 곳이다. 그런데 처음 마주하는 밤바다의 모습은 사뭇 달랐다. 낮과 달리 사람은 없고, 온전히 격정적인 파도 소리만 들렸다. 자욱한 밤안개 너머로 어슴푸레하게 오징어잡이 배 빛만 동동 떠다녔다. 고요한 밤에 듣는 파도 소리는 꽤 격렬했다. 온몸에 전율이 느껴졌다. 몽환적이고 웅장했다. 빨려 들어갈 듯한 파도 소리에 압도되어 멍하니 바라보고 있었다.

이런 나의 감성과는 무관하게 아들은 잠잘 시간에 바다에 왔다며 오두방정을 떨고 있었다. 매섭게 몰아치는 파도 앞에서 신이 나서 방방 뛰었다. 그리고는 바로 양말을 벗고 바지를 무릎까지 한껏 올렸다. 슬그머니 파도 가까이 가서 파도가 오면 걸음아 "나 살려라." 하며 도망갔다. 뭐가 그리 재미있는지 한참을 깔깔댔다. 무릎까지 걷어 올린 바지가 무색하게 바지 전체가 다 젖었다. 전혀 개의치 않았다. 한참을 숨이 차도록 파도 놀이를 하더니, 이제는 파도가 밀려오는 바로 앞에 앉아 모래성을 쌓기 시작했다. 궁금했다. 왜 굳이 힘들게 모래성을 파도 앞에서 만드는지…….

"무너지지 않게 파도 멀리에서 만들어야지, 왜 파도 앞에서 만들어?"

파도 소리에 듣지 못했는지, 들어도 못 들은 척하는 건지, 노는데 정신 팔려 대답도 하지 않는다.

아들은 계속 모래성을 쌓는 데만 집중했다. 덮칠 듯한 거센 파도가 오기 전, 긴박한 상황에서 재빠르게 온 힘을 다해 모래성을 최대한 높게 쌓았다. 파도 세기에 따라 완전히 무너지기도, 반만 무너지기도 그리고 운이 좋으면 모래성이 무사히 살아남기도 했다. 모래성이 사라져도 신이 나서 어쩔 줄 몰라 환호를 지르며, 모래성을 다시 또 쌓았다. 어쩌다 운이 좋아 모래성이 남아 있으면 촐싹거리며 소리쳤다.

"지금이 기회야!"

그 위에 더 단단한 모래성을 쌓아 올렸다. 결론은 다 '즐거워' 보였다. 얼마나 행복해 보이는지 보는 내내 나도 덩달아 웃음이 새어 나왔다. 도통 이해할 수 없는 아들 놀이를 남편과 나는 신기하게 바라보았다.

어찌나 흠뻑 빠져 노는지 그만하고 가자고 말할 수가 없었다. 뭐 하나에 몰입해서 느낄 수 있는 행복을 아들은 잘 만끽하고 있었다. 순간 아들이 부러웠다. 옆에서 흐뭇하게 아들을 쳐다보고 있는 남편에게 물었다.

"최근에 다른 것 다 잊을 정도로 몰입해서 놀아봤던 적이 있어?"

"글쎄……."

나 또한 잘 생각나지 않았다. 어른이 되고 다른 것을 다 잊을 정도로 깊이 빠져 즐겨본 적이……. 그렇게 남편과 나는 그런 아들의 유희를 기다려 주었다. 한 시간쯤 지났을까. 이제는 정말 그만 가야 한다며 아들 손에 잔뜩 묻은 모래를 털어 주며 물었다.

"왜 굳이 파도 앞에 모래성을 쌓는 거야? 힘들게 쌓은 모래성이 없어지면 속상하지 않아?"

아들이 자신감을 내비칠 때 특유의 표정이 있다. 코 평수가 넓어진다. 모래놀이 여운이 아직 가시지 않은 듯 콧구멍이 사정없이 넓어지면서 말했다. 최근에 봤던 코 평수 중 가장 넓었다.

"파도가 모래성을 휩쓸고 가는 장면이 진짜 멋지거든요! 그런데 또 모래성이 사라지지 않으면, 그만큼 제가 단단하게 쌓았다는 게 증명이 되는 거라 또 기뻐요. 그러니깐 모래성이 사라져도 재미있고, 사라지지 않아도 재미있어요. 결론은 '다' 재미있어요."

마침 거세게 밀려온 파도가 내 발을 시원하게 적셨다. 무지를 시원하게 깨우쳐 주는 듯했다. 아들 말을 듣고 내 마음이 출렁출렁했다. 어리석고 편협한 어른의 시선이었다. 누구보다 '과정'이 재미있어서 흠뻑 빠져서 놀고 있는 아들에게 '결과'가 없어지는데 왜 굳이 하냐는 질문을 한다니……. 그냥 그 자체가 '재미'있는 건데 말이다. 열심히 해서 결과가 좋으면 좋은 거고, 또 결과가 좋지 않아도 과정을 즐겼으니 좋은 거고.

어른이 되고 나서 언제부터인지 무언가를 시작하기 전에 생각한다.

'그래서 얻는 게 뭔데?'

공을 들였으면 그에 맞는 결과를 기대했고, 그 결과가 신통치 않으면 그 시간이 무의미하다고 생각했다. 모래성을 쌓으면서 느끼는 환희와 열정 그 자체에 의미를 뒀더라면, 훨씬 결과에 자유로워지지 않았을까? 나도 아들처럼 모래성이 무너져도, 또 무너지지 않아도, 결론은 '다' 재미있는 인생을 살고 싶다.

생각만 해도 신난다.

배낭을 사랑하는 이유

물욕이 없는 편인 내가 유독 아끼는 물건이 있다. 인터넷 쇼핑몰에서 만원 조금 넘게 주고 산 회색 캔버스 천으로 된 '배낭'이다. 지금은 흙먼지가 잔뜩 묻고 해질 대로 해져 허름해졌다. 연식이 되어 빨아도 꼬질꼬질하다. 사실 가죽 핸드백이 없는 건 아니다. 결혼기념일에 남편에게 선물 받은 것도 있고, 미국 여행에서 친구 성화에 못 이겨 산 것도 있다. 모두 한두 번 메고 고스란히 장롱 안에 넣어두었다. 내 것이 아닌 것 같았다. 사실 불편하고 도통 마음이 가질 않는다. 반면 그 낡은 배낭은 명품 가방보다 묘한 '자신감'을 준다. 남들은 알아주지 않는 나만 느끼는 자신감이다. 나에게는 감히 명품 가방과 견줄 수 없는 귀한 물건이다. 스파이더맨이 스파이더맨 옷을 입는 순간, 없던 초능력이 생겨 거미줄을 쏘며 휙휙 날

아다니는 것처럼, 나는 배낭을 메는 순간, 뻔한 어른이 아닌 지구별을 여행하는 '청춘'으로 되돌아간 듯하다.

 이 배낭을 메고 수많은 곳을 다녔다. 억새 바람이 넘실거리는 제주 올레길, 태양이 작열했던 호주 칼바리 국립공원 그리고 모래바람이 휘몰아치는 몽골 고비사막까지. 이 배낭은 셀 수 없을 정도로 수많은 곳을 나와 함께 했다.
 '물건하고 사람하고도 궁합이라는 게 있나?'
 희한하다. 칠칠찮은 성격 탓에 물건을 잃어버린 경우가 많은데, 이 배낭은 십 년 넘게 용케 잃어버리지 않았다. 그래서 더 애착이 가는지도 모르겠다. 내 젊은 시절을 다 알고 있는 오래된 친구 같다. 곁에만 두어도 마음이 편하다. 나를 잘 알고 있어 나다운 것이 무엇인지 말해주는 아이다.

 어른이 되어 나다운 것을 잃어가기 시작했다. 두 다리로 걷는 것보다 자동차로 움직이는 것이 편했고, 몸을 쓰기보다는 앉아서 머리를 쓰는 일이 많아졌다. 몸을 쓰지 않았는데 늘 피로감에 허덕였고, 마음은 공허했다. 하루는 집 청소를 하다가 옷장 서랍에 넣어둔 낡은 배낭이 눈에 들어왔다. 배낭을 메고 자유롭게 여행했던 젊은 시절이 떠올랐다. 생각만으로도 입가에 미소가 지어졌고, 가슴이 벅차올랐다.

'여행이 별거야? 배낭 메고 어디든 가면 여행이지.'

그날 이후, 그 배낭을 메고 매일 아침 걸어서 출근하기 시작했다. 배낭 하나 메었을 뿐인데 마법처럼 출근은 '여행'이 됐다. 걸어서 한 시간 정도 소요되는 거리여서, 운동 삼아 걷기에 딱 좋았다. 차로 이십 분인 거리를 걸어서 가려니 일찍 일어날 수밖에 없었다. 일찍 일어나야 하니 일찍 잘 수밖에 없었다. 당연히 저녁을 더 일찍 먹고, 여덟 시쯤 잘 준비하고 아홉 시에 잠자리에 누었다. 설거지, 집안 정리, 빨래까지 해야 할 일이 산더미여도 눈을 질끈 감았다. 참기 힘들었지만, 꾹 참았다. 매일 아침 '여행'을 가기 위해서였다. 전날 밤 배낭에 아침에 먹을 사과 하나, 요즘 읽고 있는 책 한 권, 듣고 갈 음악 선정까지 매일 밤 '여행 준비'를 해놓고 잠자리에 들었다.

일하러 가는 게 아니라 여행을 떠난다고 생각하니, 아침에 눈 뜨는 일이 힘겹지 않았다. 오히려 설레었다. 지루한 일상이 배낭 하나 메었을 뿐인데, 완전히 달라졌다. 보온병에 차를 담고 운동화를 신으면, 출근 아니 '여행' 준비 끝이다. 이어폰으로 어제 미리 선정했던 노래를 들으며 집을 나선다. 출근하는 직장인이 아닌 여행하는 이방인이 된다. 루틴을 조금 벗어났을 뿐인데 하루 시작은 생각보다 새로웠다. 평범하고 뻔했던 일상의 풍경도 배낭을 메고 있으니, 평소와 다르게 눈에 들어왔다. 손님이 오는 가게 앞을 이마에 땀이 맺히도록 쓸고 있는 빵집 아저씨, 손주뻘 아이들을 위해 초등학교 앞 건널목에서 봉사활동하고 있는 할머니, 아이 손을 잡고 어린이집 버스를 기다리는 엄마, 과일 상자를 꺼내며 오늘 장사를 분주히 준비 중인 과일 가게 아주머니까지…….

문득 이 말이 생각났다.
'누군가의 삶은 누군가의 풍경이 된다.'
(이희인 『여행자의 독서』 중, 북노마드)
익숙해서 그냥 지나쳤던 모습도 여행자의 시각으로 보니 평소와 다르게 다가왔다. 이방인의 시선으로 본 우리네 모습은 평범하지만 그래서 더 아름다웠다. 괜스레 뭉클했다.

출근길 정체가 심한 월요일 아침, 시간이 남아 근처 시민공원에 들른다. 키다리 메타세쿼이아 나무가 직선으로 뻗어 있고, 야생화가 있는 산책길이 여러 갈래로 나뉘어 있다. 요즘 누가 뭐래도 숲은 가을빛이다. 온갖 색의 향연이다. 감탄하며 한참을 걷는다. 이른 아침 숲을 통째로 빌려 산림욕하는 기분이다. 어제 잔디를 깎았나 보다. 생풀의 향기가 가득하다. 근처 단풍잎이 소복하게 내려앉은 벤치에 앉는다. 아침 숲 공기는 이보다 더 좋을 수 없을 정도로 딱 알맞게 춥다. 가지고 온 보온병에서 보이차 한 잔을 따른다. 김이 모락모락 나는 차를 한 모금 마시며 숨을 고른다. 새소리만 간간이 들린다. 가부좌 자세로 앉아 책을 펼친다. 세상의 소리로부터 분리된 최고의 시공간이다. 남들 교통 체증으로 시달리는 아침 출근 시간에 나 혼자 이런 호사를 누리고 있다. '배낭' 덕분에······. 책을 읽다가 하늘을 올려다본다. 다 감사하다. 죽지 않고 아침에 눈 뜬 것도 감사하고, 걸을 수 있는 다리가 있는 것도 감사하고, 출근할 수 있는 직장이 있는 것도 감사하다. 그렇게 한 시간 남짓한 여행은 아쉬울 정도로 금방이다. 덕분에 버텨야 하는 하루가 아닌, 최선을 다해 만끽하고 싶은 하루가 된다.

배낭은 평범한 일상을 특별한 '여행'으로 만들어 주었다. 배낭은 걷는 것을 게을리하지 않아야 하고, 늘 자연을 가까이해야 하며, 호기심을 잃지 않아야 한다고 말해주는 듯하다. 삶의 중요한 가치를 매일 일깨워 주는 고마운 친구다. 내가 배낭을 사랑하는 이유다. 이 마음이 변하지 않았으면 좋겠다. 호호백발 할머니가 돼도 배낭을 메고 걸어 다니는 할머니가 되고 싶다.

오늘도 배낭을 메고 여행을 떠난다.

수능 감독비의 진실

수능 감독관 명단이 정해지면 다들 한숨 소리가 들린다. 강도 높은 노동이 시작되기 때문이다. 대학수학능력시험 전날은 해당 시험장 학교에서 수능 감독관 연수가 있다. 빼곡하게 적힌 수능 감독 유의 사항 책자를 받고, 꽤 긴 시간 연수를 받아야 한다. 매시간 지켜야 하는 유의 사항을 강조하고 또 강조한다. 그 외에도 짙은 향이 나는 화장품은 안 되며, 소리가 거슬리는 굽 있는 실내화는 신을 수 없으며, 듣기 평가 시간에는 움직이지 않아야 한다. 작은 실수라도 돌이킬 수 없는 상황이 되기 때문이다. 그때부터 긴장이 시작된다.

집에 돌아와 평소보다 이른 저녁을 먹는다. 최대한 튀지 않는 검정 옷과 양말을 꺼내놓는다. 새벽 다섯 시로 알람을 맞취놓는다. 불안하다. 오 분 간격으로 알람 서너 개를 더 맞춰놓는다. 억지로 잠을 청해보지만 잠은 오지 않는다. 가방에 있는 수능 감독 책자를 꺼내 다시 읽어본다. 뒤척이다 새벽이 되어서야 잠이 든다. 알람이 울리기도 전에 눈이 떠진다. 시계를 보니 새벽 세 시다. 다시 잔다. 일어나 보니 네 시다. 다시 침대에 눕는다. 그러기를 몇 번, 결국 잠은 포기한다. 매해 수능 날, 같은 패턴으로 잠을 설친다. 이미 피곤해질 대로 피곤한 몸으로 어두운 새벽길을 나선다.

도착 후, 진한 맥심커피로 잠을 쫓는다. 아침 회의에서 감독 유의 사항을 재차 강조한다.
'제발 1교시는 감독이 아니길······.'
감독 시간표를 확인해 본다. 나는 운을 끌어당기나 보다. 1교시부터 감독이다. 투덜거릴 시간도 없이 그때부터는 숨 가쁘게 움직인다. 본부에서 시험지와 답안지를 받아 시험실로 향한다. 종소리가 울리고 안내서대로 시험지를 배부한다. 이후 부동자세로 감독을 한다. 수험생들이 답안지 교체를 요청하지 않는 이상 움직이면 안 된다. 특히 3교시 영어 듣기 평가 시간에는, 거슬릴 수 있는 소음이 일어나지 않게 로봇처럼

서 있어야 한다. 숨도 크게 내쉴 수 없다. 서서히 허리가 끊어지는 듯하다. 다리가 퉁퉁 붓는 게 실시간으로 느껴진다. 감독이 없는 시간을 제외하면, 여섯 시간 정도를 긴장감 속에서 꼬박 하루를 보낸다. 이러다가 허리가 끊어지겠다는 생각이 들 때쯤, 고된 하루가 끝난다. 긴장이 풀리면서 여기저기서 다들 안도의 한숨과 함께 허리를 두들기는 곡소리가 들린다.

끝나자마자 감독관들은 회의실에 한데 모여 있다. 한마음 한뜻으로 모두 이름이 적힌 노란 봉투를 기다리고 있다. 바로 수능 감독비다. 호명된 감독관들은 봉투를 받으며 옅은 미소를 띤다. 내 이름이 언제쯤 나오나 귀를 쫑긋 세우고 최고의 집중력을 발휘한다. 드디어 내 이름을 부른다. 총총 걸어 나가 냉큼 받았다. 자리에 돌아와 봉투를 열어보았다. 십만 원이 조금 넘는 금액이었다. 새벽부터 잠 못 자고 허리 통증을 견디며 번 피 같은 돈이다. 마음 같아서는 액자에 넣어 영구 보관하고 싶다. 누군가는 최고급 한우 꽃등심을 먹겠다고, 또 누군가는 사고 싶었던 원피스를 사겠다고 한다. 그 금액을 받고 잠깐 행복한 고민을 했다.

'오늘 근사한 곳에서 외식할까?'

'눈여겨봤던 재킷을 살까?'

먹거나 사서 끝내 버리기에는 허무할 것 같았다. 가치 있는 곳에 쓰고 싶었다.

고민하고 고민하다 생각해 낸 이벤트가 '수능 감독비 용돈의 날'이다. 평소에 시어머니와 친정어머니에게 용돈을 드리면 그냥 돈이지만, 수능 감독비를 드리면 훨씬 의미가 남다를 것 같았다. 며느리가 그리고 딸이 새벽부터 고생해서 번 돈이라는 것을 누구보다 잘 알기 때문이다. 여기서 중요한 팁은 당신에게만 드린다며 비밀스럽게 말해야 한다. 시어머니에게 속삭인다.

"어머니에게만 드리는 거예요."

친정어머니에게도 조용히 말한다.

"쉿! 엄마에게만 주는 거야."

우리끼리만 아는 비밀인 것처럼……. 이후 수능 날은 며느리로서, 딸로서 점수를 후하게 따는 날이 됐다.

시어머니와 가깝게 살아서 당일은 시댁으로 노란 봉투를 품에 안고 간다. 주말에는 봉투 하나를 더 만들어 친정집으로 간다. 그날도 해 질 무렵 수험생과 뒤섞여 가는 만원 버스 안에서 시어머니에게 문자를 보냈다.

"어머니! 지금 따끈따끈한 수능 감독비 드리러 가요!"

친정어머니에게도 문자를 보냈다.

"엄마! 교사 될 수 있게 뒷바라지해 줘서 고마워! 주말에 갈게."

많지 않은 돈인데 피곤한 날이 소소한 이벤트로 설레는 날이 됐다. 내가 생각해도 참 기특한 이벤트다.

초인종을 누르자마자 어머니가 환한 웃음으로 반겨 준다. 노란 봉투를 보이면서 씩 웃는다. 수능 날이 되면, 으레 어머니는 저녁을 차려놓고 며느리를 기다린다. 며느리의, 며느리에 의한, 며느리를 위한 밥상이다. 제사 때나 꺼내 쓰는 큰 상에 내가 좋아하는 음식이 가득 차려져 있다. 방금 무쳐 참기름 냄새가 폴폴 나는 각종 나물 반찬에, 칼칼한 병어조림. 그뿐인가. 술을 전혀 못 하는 어머니가 며느리가 좋아하는 맥주까지 사다 놓았다. 드리는 용돈 금액을 훨씬 초과하고도 남는 밥상이다.

"아이고! 새벽부터 울 아기가 고생해서 번 것을 아까워서 어떻게 쓴다니?"

많지도 않은 용돈으로 이렇게 생색내는 게 조금 부끄럽다.

추운 날 고생했을까 봐 평소 잘 켜지 않는 보일러도 엉덩이가 후끈해질 정도로 틀어놓았다. 몸도 마음도 스르르 녹는다. 어머니가 건네준 술 한 잔까지 하니 볼 딱지가 빨개진다. 어머니 표 맛깔난 나물 반찬을 입에 한가득 넣고, 아버님과 함께 뉴스를 보며 그날 하루를 마감한다. 수능 날이면 이토록 따뜻한 밥상을 염치없이 매번 받는다. 소박하지만 특별한 날이다. 지출은 두 배로 나가지만, 흐뭇한 마음은 몇 배 이상이다. 나물 반찬이 맛나서 아무래도 밥 한 공기를 더 먹어야겠다. 어머니는 힘든데 앉아 있으라며 당신이 직접 퍼주신다.

귀한 거니깐 귀한 사람에게 주는 거예요.
제 첫사랑은 엄마잖아요.

4부

잘 챙겨주세요 그래도 사랑은

현관 앞 고백

우리 집 현관 앞 인사는 애틋하다 못해 절절하다.
"엄마! 학교 다녀오겠습니다."
"오늘도 행복해. 사랑해!"
"자기야! 갔다 올게."
"보고 싶을 거야. 사랑해!"
학교 가는 아이들에게, 잠깐 일 보러 나가는 남편에게, 무사히 잘 다녀오라며 꼭 안아주며 온 체중을 실어 사랑한다고 말한다.
"띠딕 띠디딕"
현관문 도어락 비번 누르는 소리에 버선발로 달려 나가 맞이한다.
"얼마나 보고 싶었는지 줄 몰라. 사랑해!"

무사히 집에 돌아온 가족에게 감사와 안도가 섞인 고백을 전한다.

나에게 가족이 오는 소리만큼 더 귀중한 것은 없다. 중요한 전화 통화를 하다가도, 찌개가 넘치듯 끓고 있어도, 몸이 아파 다 죽은 듯이 누워있다가도, 가족이 오는 소리가 들리면, 하던 일을 중단하고 현관문으로 달려 나간다.

제대로 된 마지막 인사 없이 아버지를 보냈다. 아버지는 악성 림프종 진단을 받고, 오 년 동안 힘겹게 치료를 받았다. 스무 번이 넘는 방사선 치료와 여섯 번의 항암 치료. 결코 쉬운 과정이 아니었다. 인정사정없는 병원 치료에 속수무책으로 아버지의 몸은 헤지고 헤지는 듯했다. 끝이 보이지 않았다. 당사자인 아버지도, 지켜보는 가족도 모두 힘겨운 싸움이었다. 괴로웠던 것은 항암 치료 후 부작용이었다. 식욕부진, 근육통, 소화 불량, 두통 등 수많은 증상이 아버지를 괴롭혔다. 삼십 년 넘게 이발관을 하면서 머리 맵시는 아버지의 자부심이었다. 평생 아버지의 흐트러진 머리를 본 기억이 없다. 아버지는 일이 없는 휴일에도 매일 아침 머리를 감고, 드라이하고, 모발용 제품으로 머리 매무새를 가다듬었다. 항암 치료 후 아버지의 그 아침 일상은 볼 수가 없었다.

이번 항암 치료는 유독 힘들어했다. 머리가 깨질 것 같은 두통과 어지럼증에 종일 아무것도 목에 넘기지 못하고 누워만 있었다. 하루는 감기 증상이 겹친 것 같다며 진료받는 대학병원으로 가봐야 할 것 같다고 했다. 어머니는 알겠다며 평소처럼 다녀오라고 했다. 그게 어머니와 아버지의 마지막 인사였다.

그날도 역시 언니가 함께했다. 언니는 귀가 불편한 어머니 대신 늘 병원 진료를 아버지와 함께했다. 언니도 걱정은 됐지만, 면역력이 약해져서 오는 감기라고 생각했다. 진료를 기다리면서 아버지 상태가 급속도로 나빠졌다. 급기야 호흡 곤란이 왔고 의식을 잃었다. 순식간에 의료진들이 닥쳤고, 보호자 동의 후 인공호흡기 삽입이 이루어졌다. 병명은 감기가 아닌 폐렴이었다. 언니는 급작스러운 상황에 넋이 반은 나가 있었다.

아버지와 많은 시간을 보냈던 언니도 마지막 인사는 나누지 못했다. 우리 모두 마지막이 이렇게 예고도 없이 올 줄 몰랐다. 허망했다. 투병 기간 오 년 동안 마지막 인사는 누구도 하지 않았다. 마지막을 이야기하는 것은 '죽음'을 받아들이는 것 같아 애써 외면했다. 그렇게 소중한 오 년이란 시간을 흘려보냈다.

중환자실에 산소 호흡기를 꽂고 누워있는 아버지를 멍하니 바라보았다. 그동안의 시간을 미치도록 되돌리고 싶었다. 십 분, 일 분, 아니 단 몇 초라도 괜찮았다. 단 몇 초라도 손을 잡고 눈을 마주 보며, 당신 딸로 태어나서 행복했다고, 사랑한다고, 말하고 싶었다. 그리고 체온이 충분히 느껴질 만큼 꼭 안아드리고 싶었다. 간절한 바람과 달리, 아버지는 깊은 잠에서 결국 깨어나지 못했다. 몸서리칠 정도로 힘들었던 치료를 다시는 받기 싫었나 보다. 우리 가족 모두 준비 없이 맞게 된 마지막을 받아들이기 힘들었다.
  '마지막을 먼저 이야기 나눌 수 있는 용기가 있었으면 더 낫지 않았을까?'
  뒤늦은 후회를 했다. 왜 몰랐을까? 우리 모두 언제든지 '마지막'일 수 있다는 것을…….

아버지가 떠나고 일 년 후, 처음으로 '유서'라는 것을 썼다. 마음속으로 써야지 하면서 선뜻 내용이 정리되지 않아 미루고 있었다. 가족과 함께 배낭여행을 가는 비행기 안, 모두가 자는 새벽이었다. 세상모르게 곤히 자는 남편과 아이들의 얼굴을 봤다. 먼저 부모 다음으로 조건 없는 사랑을 준 남편에게 썼다.

'그대 고운 내 사람에게'

눈물이 와락 쏟아졌다. 바로 옷소매로 눈물을 닦았다. 눈물이 멈추지 않았다. 한참을 흐느꼈다. 마지막이라고 생각하는 순간, 이제껏 살아왔던 날들이 스쳐 지나갔다. 생각해보니, 수많은 사람 중에 연이 닿아 사랑하고, 결혼하고, 아이를 낳고 지금 이렇게 사는 이 순간이 기적과 같았다.

그대 고운 내 사람에게

세상에서 가장 만만한 사람. 그래서 늘 투정 부리고 싶은 사람.

후회 없이 산다고 생각했는데 마지막이라고 생각하니 후회 투성이야. 참 못났지?

가끔 지는 척 좀 할걸. 왜 그렇게 이기려고 고집을 피웠는지. 당신이 부모처럼 나를 막무가내로 사랑해줘서 그랬나 봐.

(줄임)

이천육 년 구월 삼일. 온통 당신으로 물들었던 날. 보는 순간 한 치의 의심도 없이 결혼을 결정했어. 첫째 임신하고 입덧 중, 냉면 먹고 싶다고 난리를 치는 통에 급히 운전하다 사고 날 뻔한 일, 첫째가 아빠만 찾아서 매일 당신이 업어서 키웠던 날들, 첫째가 달리는 차에서만 잠을 자는 기이한 버릇 때문에 당신이 새벽까지 운전하며 재웠던 기억, 둘째가 아토피로 간지러워 잠을 못 자면 안쓰러운 마음에 같이 펑펑 울었던 날들…….

그러고 보니 참 괜찮은 삶이다. '이렇게까지 행복해도 되는 건가?'라는 생각으로 살았어. 내 죽음이 크게 서럽지 않은 이유는 당신 덕분이야. 고마워. 나와의 인연을 비켜 가지 않고 날 알아봐 줘서…….

캄캄한 기내에서 흐느끼며 썼던 유서는 지금도 보관하고 있다. 이후 유서는 매해 쓰고 간직한다. 덕분에 마지막은 언제든 올 수 있다는 사실을 그나마 자각한다.

유난히 여름처럼 더웠던 사월, 반 학생 아버지 부고 소식을 접했다. 장례식장에 가보니 고작 중학생인 녀석이 상복을 입고 상주로 앉아 있었다. 보고만 있어도 기가 막힐 노릇이었다. 눈물이 앞을 가렸다. 녀석은 나를 보자마자 흐느끼며 말을 잇지 못했다. 딱히 해줄 말이 생각나지 않았다. 그냥 손만 잡아주었다. 집으로 가는 길, 봄날 형형색색의 철쭉이 눈에 보였다. 지나치게 고운 철쭉이 괜히 야속했다. 동시에 이 꽃을 볼 수 있는 지금, 이 순간이 한없이 감사했다. 그때 엄마 귀가를 오매불망 기다리는 딸 전화를 받았다.

"엄마! 언제 와?"

딸 목소리에 가슴이 두근거렸다.

인생이 유한하다는 것을 모르는 사람은 없다. 하지만 그 사실을 매일 자각하며 사는 사람은 그다지 많지 않다. 현관 앞 인사는 이런 사실을 망각하지 말라고 일깨워 주는 의식이다. 우매한 내가 그나마 깨어있기 위한 나만의 부단한 노력이다. 누구보다 나의 안전한 귀가를 기다리고 있을 남편과 아이들……. 오늘은 현관 앞에서 더 꽉 안아주고 싶다.

시나브로의 기적

"오늘 주인공 소감을 먼저 들어보겠습니다!"

안방 대기실에서 아까부터 빠끔히 내밀며 자기 순서를 기다리던 아들은 사뭇 긴장한 표정으로 나온다. 그리고 한 마디 한 마디 힘주어 말했다.

"……오늘 저는 정말 행복합니다. 모두 모두 사랑합니다."

사람들 앞에서 말하는 것을 부끄러워하는 아들은 오늘 소감을 말하기 위해 며칠 전부터 연습을 해왔다.

"싫어요. 안 들어가요."
"오늘만 해보자! 응?"

눈에 넣어도 아프지 않을 만큼 사랑스러운 아들이다. 말하는 것도, 행동하는 것도 결이 참 고운 아이다. 그런데 유독 낯선 환경에서 긴장도가 높았다. 그리고 자기 의사 표현하는 것을 무척 수줍어했다. 적응하면 수월하게 할 수 있는 것도 일단 시작하는 것을 어려워했다. 초등학교 입학 후, 그런 성향이 더 도드라지게 비쳤다. 적응하는데 다른 친구들보다 시간이 더 필요했다.

'다른 아이들은 쉽게 적응하는 것을 왜 내 아이는?'

조급한 마음을 내려놓는 것이 힘들었다. 정확히 말하면 아이가 힘든 것이 아니라 내가 힘들었다.

인기가 많아 조기 마감되는 문화센터 수업을 아침부터 줄을 서서 등록했다. 아이들이 좋아하는 수업이라 혹여 아들이 좋아하지 않을까 하는 실낱같은 희망으로……. 예상대로 아들은 들어가기 싫다며 교실 들어가기도 전에 통곡하기 시작했다. 한 시간 넘게 진땀을 빼며 설득하고 설득했다. 예상은 했지만 역시 들어가지 못했다. 피아노, 태권도, 문화센터, 방과 후 수업까지……. 어느 것 하나 쉬운 게 없었다. 늘 이런 식으로 포기한 게 한둘이 아니었다. 기진맥진해서 그날도 결국은 포기하고 아들 손을 잡고 문화센터를 나가는 길이었다. 그때 수업 빨리 받고 싶다며 깔깔깔 웃으며 교실에 들어가는 아이들을 봤다.

'왜 내 아이만?'

속상한 마음에 그만 주저앉아 울고 말았다.

지금 생각해보면 아이도, 엄마도 어렸다. 차분히 멀리 떨어져서 보려는 마음의 여유 따위는 없었다. 고민 끝에 놀이 치료센터에 등록했다. 전문가 의견을 듣고 싶었다. 여러 검사를 해봤지만 다 정상이었다. 결국은 타고난 성향이니 서서히 흥미 있는 활동을 시도해보면서 지켜보면 될 거라고 했다. 일주일에 한 번씩 놀이치료를 받으면서 할 수 있는 총력전을 다 했다. 놀이치료 선생님은 소규모 운동 동아리를 하면 좋을 것 같다고 했다. 수소문 끝에 축구 동아리를 알아내서 가입했다. 내 노력과 달리 아들은 축구 수업 이틀 전부터 가기 싫다며 울기 시작했다. 전쟁이 따로 없었다. 매번 악을 쓰며 가기 싫다는 아이에게 왜 가야 하는지를 설득해야 했다. 끝이 보이지 않았다.

매일 그런 전쟁을 치러가며 꾸역꾸역 삼 개월을 다니게 했다. 하루는 아들이 축구 훈련을 마치고 온 날이었다. 평소보다 많이 지쳐 보였다. 마음이 쓰여 자기 전 꼭 안아주는데 아들이 닭똥 같은 눈물을 흘린다.

"축구가 지옥 같아요. 정말 싫어요."

아들은 경쟁하면서 득점을 해야 하고, 실수라도 하게 되면 거친 말이 오고 가는 경기에서 오히려 더 위축됐다고 했다. 왜 그토록 슛을 시도하지 않고 드리블만 하는지 이제야 알 것 같았다. 결국 축구도 재미를 붙이지 못하고 그만뒀다.

'오죽 힘들었으면 어린아이가 지옥이라는 말을 쓸까?'

결국 나의 조급한 욕심이었다.

'아들도 나도 즐거운 방법이 뭘까?'

생각하고 또 생각했다. 문득 국어 시간에 배웠던 '시나브로'란 단어가 생각났다. 나도 모르는 사이에 조금씩 조금씩……. '조금씩'이라는 단어가 마음에 쏙 들었다. 거대한 시작보다 티 안 나게 조금씩 시도해보는 것은 해볼 만하다고 생각했다. 아들에게 말했다.

"어제보다 오늘 더 성장한 일이 하나라도 있으면 적어서 붙여보자."

아무리 사소한 것이라도 어제보다 성장한 일은 무조건 노란 포스트잇에 적어 거실 벽에 붙여보자고 했다. 그 포스트잇이 거실 벽면을 다 채울 때 '성장 파티'를 할 거라고 했다. 친척들을 초대해서 아들의 '성장'을 축하해주는 파티. 그 파티는 특별히 아들이 원하는 음식으로 채워질 거라고 했다. 무엇보다 자다가도 벌떡 일어날 정도로 좋아하는 젤리를 종류별로 사주겠다고 했다.

"그럼 제가 오늘 줄넘기 이단 성공한 것도 써서 붙여요?"
"당연하지!"

그날부터 아들의 성장은 아무리 작은 일도 기록하기 시작했다. 온 가족이 아들의 성장을 눈에 불을 켜고 찾기 시작했다. 그리고 낱낱이 적어 붙이기 시작했다. '구구단 삼단을 ○월 ○일 외움' '스스로 아이스크림을 ○월 ○일 슈퍼마켓에서 사 옴' '선생님께 용기 내어 ○월 ○일 질문하기 성공' 자잘한 성공을 폭풍 칭찬해가며 온 가족이 아들의 성장을 응원해주었다.

학교에서 발표 한 번 못했던 녀석이, 드디어 처음 성공했을 때 온 가족이 떠들썩하게 아들의 용기 있는 도전을 축하해주었다. 그 축하도 모자라 벽에 써서 붙여, 볼 때마다 입이 아프도록 칭찬해주었다. 한 달 뒤에는 발표를 하루에 한 번, 좀 지나서는 하루에 두 번, 이제는 발표를 하루에 열 번도 넘게 한다. 거실 중앙 벽면에 덕지덕지 붙어 있는 성장기록들. 아들은 매일 자신이 성장하는 것을 '반강제'로 확인할 수 있었다. 아침에는 자신이 해냈던 성과를 보면서 하루를 시작하고, 저녁에는 또 하나 늘어난 성과를 붙이면서 잠이 들었다. 서서히 아들은 자연스럽게 깨닫기 시작했다. 지금 도저히 못 할 것 같은 일도 결국 할 수 있다는 것을…….

그보다 더 감격스러운 사실은, 두 눈 부릅뜨고 아들 성장을 찾아내다 보니, 나 또한 아들이 결국은 해낼 거라는 확신이 생겼다. 남들보다 좀 더디게 가는 것이 더는 불안하지 않았다. 예전보다는 편한 마음으로 지켜볼 수 있었다. 점점 노란색으로 번져가는 벽면은 마치 아들과 내가 커가는 모습을 실시간으로 보는 듯했다. 가슴이 벅차올랐다. 엄마가 불안해하지 않으니 아들도 불안해하지 않았다. 자신을 믿어주는 엄마의 눈빛으로 자라는 아이는 달랐다. 아들은 믿는 만큼 자라고 있었다.

'시나브로'의 위력은 대단했다. 기적 같은 일이 벌어졌다. 불과 몇 달 전만 해도 상상할 수 없었던 태권도, 피아노, 문화 센터. 지금은 콧노래를 부르며 간다. 학교에서는 수업 시간에 발표를 가장 많이 하는 학생으로 뽑혔다. 비법은 '시나브로'다. 조금씩 해보는 거였다. '태권도 학원 다니는 친구들 구경해 보기', '태권도 학원 근처 산책하기', '태권도 학원 들어가서 구경해 보기', '십 분만 체험해보기', '하루만 다녀보기', '이틀만 다녀보기'. 결국에는 스스로 태권도 학원에 다니고 싶다고 했다. 물론 매끄럽게 한 번에 진행되지 않았다. 태권도 학원 구경해 보는 것도 열 번 넘게 시도해서 결국에는 성공했다. 잘하면 잘한 대로, 못 하면 못한 대로 그냥 지켜봤다. 오히려 시도한 것도 대단하다며 '태권도 학원 앞 횡단보도까지 성공'이라며 써서 붙여주었다. 시도 자체도 '성장'이라며 격려해주었다. 시나브로 아들은 세상에 조금씩 발을 내딛기 시작했다.

육 개월 후, 하얀 벽면은 어느새 노랗게 가득 채워졌다. 성장 파티 전날 밤, 아들은 잠이 오지 않는다며 그간의 성장기록이 가득한 벽을 한참 바라보았다. 다음날, 세상에서 하나밖에 없는 '성장 파티'를 했다. 약속한 대로 형형색색 종류별 젤리는 물론이고, 아들이 평소에 먹고 싶어 했던 음식들로 호화스럽고 성대한 '성장 파티'를 열었다. 친척들을 초대해서 아들 성장기록 하나하나를 설명해주었다. 할머니, 할아버지, 외할머니, 외할아버지 이모 모두 대견해하며 축하해주었다. 꽃다발과 함께 상장 수여식도 했다.

'성장상'
위 어린이는 실패했다고 좌절하지 않고,
조금씩 시도하여 성장하였기에
이 상장을 수여합니다.

상장을 받고 아들에게 소감을 물어보았다.
"……오늘 저는 정말 행복합니다. 모두 모두 사랑합니다."
노란 벽에서 꽃다발을 들고 웃고 있는 아들의 모습을 사진으로 남겨두었다. 아들과 엄마의 성장을 상징하는 노란 색 벽은 우리 집 보물 일 호가 되었다. '시나브로' 아들과 나는 성장해 있었다.

무식이 용감이다

　영혼이 말랑말랑한 아이들을 보면 기분이 좋다. 세상에 태어나 처음 접하는 모든 것들을 신기해하는 눈빛을 보고 있으면 절로 미소가 지어진다.

　가는 여름이 안타까운지 유독 매미가 발악하듯 울어 대는 토요일 오후였다. 길을 가다 우연히 연극 단원 모집 전단지를 보게 됐다. 극단 이름은 '청춘'이었다. 청춘……. 듣기만 해도 가슴에 잔나비가 날아다니는 것 같았다. 나도 모르게 가까이 가서 핸드폰으로 모집 요강을 담았다. 평일 저녁과 주말에 연습할 수 있는 아마추어 연극단이었다. 문득 잊고 지냈던 호기심이 생각났다. 초등학교 육학년 때였다. 텔레비전 보는 것 말고는 문화생활을 따로 누릴만한 기회가 많지 않았던 환경에, 우연히 '파우스트'라는 연극을 보게 됐다. 연극에 관심이 있어서도, 고리타분해 보이는 그 책을 읽었던 것도 아니었다. 광주시에서 청소년들 대상으로 무료 연극 표를 배부했던 거로 기억한다. 그렇다. 공짜였기 때문이다. 아무튼 공짜 표도 생겼으니 처음으로 '연극'이라는 것을 보기 위해 버스를 탔다. 나름 촌년의 첫 '문화생활'이었다. 길치인 내가 가는 도중 길을 잃을 뻔한 위기도 있었다. 행인에게 묻고 또 물어 힘겹게 극장에 도착했다. 바로 앞도 보이지 않는 캄캄한 극장 안에서 야광 색 화살표를 따라 몸을 숙이고 들어갔다. 운 좋게 앞에서 두 번째 자리에 앉게 됐다.

드디어 무대에 조명이 켜지고 배우들의 연기가 시작되었다. 모든 것이 생경했다. 짙은 분장을 한 남자배우가 대사할 때, 얼굴의 근육, 주름, 심지어 코에 맺힌 땀방울까지 적나라하게 보였다. 쩌렁쩌렁한 배우의 목소리는 극장 전체에 울려 퍼졌다. '숨김'이 없는 연극은 그야말로 신선한 충격이었다. 절정 부분에서 극 중 파우스트가 감정을 토해내는 광기 어린 연기는 숨이 멎는 것 같았다. 지금 생각해보면, 어린 나이로는 온전히 이해하기에는 꽤 심오한 내용이었다. 배우들의 호흡을 따라가다 보니, 지루할 틈 없이 구십 분은 금방이었다.

배우들의 에너지는 강렬했다. 그야말로 '날 것'이었다. 아무 생각도 할 수 없었다. 집에 가는 버스 안에서도 쉽게 진정할 수가 없었다. 뭐에 홀린 사람처럼 멍하니 창가를 바라보았다. 그러다 뜬금없는 상상을 했다.

'파우스트처럼 내 안에 나도 모르는 누군가가 있지 않을까?'

기회가 된다면 내 안에 사는 여러 명의 인생을 하나하나 꺼내서 살아보고 싶었다. 여러 인생을 무대에서 살아보는 일은 생각만 해도 흥분됐다.

아쉽게도 늘 그렇듯 시간이 지나면서 그런 생각은 희미해졌고, 어른이 되면서는 까맣게 잊고 살았다. '청춘'이란 말에 파동이 일었다.

'나는 내 '청춘'에게 예를 다하고 있는가?'

무작정 전화를 했다. 지원서를 이메일로 내면 된다고 했다. 그날 바로 제출했다. 어느 순간 정신 차리고 보니 연극 오디션장에서 번호표를 받고 순서를 기다리고 있었다.

오디션에 지원한 사람들, 그리고 진행 요원들도 대부분 이십 대 '젊은이'들이었다. 주말이라 응원해준다고 하필 남편과 딸 아들이 따라왔다. 누가 봐도 애 둘 있는 아줌마였다. 머쓱했다.

'이 나이에 지금 여기서 뭐 하고 있나?'

'청춘'이란 말에 잠깐 판단력이 흐려져서 일이 커졌다. 이미 늦었다. 번호표도 받고, 오디션용 대본도 받은 상태였다. 연극 대본을 처음 구경해 봤다. 오디션 보겠다고 지원서는 냈지만, 대본을 찾아서 연습할 생각을 왜 못했을까? 대본을 보니 심장이 미친 듯이 나대기 시작했다.

그때 어린 딸이 호기심 어린 눈으로 눈을 동그랗게 뜨면서 물었다.

"엄마는 선생님인데 이거 합격하면 연극배우도 되는 거야?"

"……."

딸에게 나이가 들어도 하고 싶은 게 있으면, 얼마든지 도전할 수 있다고 늘 말해왔다. 보여주고 싶었다. 이게 뭐라고 엄마로서 비장한 사명감까지 들었다. 나중에 연극 동기들에게 들어 알게 됐다. 딸과 나란히 앉아 있는 나를 보고, 아이 연극 시키려고 온 열성 엄마인 줄 알았단다. 더듬더듬 연극 대본을 읽고 있는데 스텝이 내 이름을 불렀다.

'그냥 없었던 일로 하고 도망갈까?'

진지하게 생각하는데 딸이 파이팅을 외쳐주었다. 그리고 한쪽 눈만 감는 게 서툴러 두 쪽 눈 다 감으면서 윙크를 해주었다. 잠시 긴장을 잊고 웃음이 나왔다. 오디션장에서 도망간 엄마로 낙인되는 것은 싫었다.

'그래. 한번 해 보자.'

숨을 가다듬고 무대에 입장했다.

내 발소리만 웅장하게 들렸다. 핀 조명이 무대 위 의자 하나를 비추고 있었다. 세상 중심에 오직 나를 위해 빛이 있는 것 같았다. 불안했던 마음은 이상하리만치 평온해졌다. 관객석에 앉아 있는 감독님에게 인사하고 의자에 앉았다. 감독님은 츄파춥스를 입에 물며 건조한 말투로 툭 말했다.

"거기 있는 대본 한 번 읽어보세요!"

침 한 번 꼴딱 삼키고 대본을 읽기 시작했다. 대본 내용은 딸이 친정엄마에게 왜 이렇게밖에 자기를 키우지 못했냐며 모진 소리를 하는 장면이었다. 잠시 눈을 감고 감정을 잡았다.

'나는 사는 게 힘든 딸이다. 친정엄마밖에 없어서 마음에도 없는 모진 말을 한다.'

오케이! 감정 이입은 순식간에 됐다. 눈을 떴다. 얼마나 각박한 세상에서 사는 게 버거웠으면 엄마한테 마음에도 없는 말을 할까 싶었다. 순간 가슴이 먹먹해졌다. 처음에는 슬픔을 최대한 절제하며 말하다가, 나중에는 감정이 터지면서 오열을 하며 대사를 마쳤다. 끝난 후에도 눈물을 멈출 수 없었다.

'뭐야? 내 안에 이런 면이 있었던 거야?'

이런 내가 낯설었다. 감독님은 입에 물고 있던 츄파춥스를 빼고 나를 한참을 응시했다. 느낌이 나쁘지 않았다.

"발성이 좋네요. 평일하고 주말에 시간을 빼야 하는데 할 수 있겠어요?"

"가능합니다."

끝나고 다리가 후들거리면서 나오는데 합격이란다. 남편과 애들을 부둥켜안고 기뻐했다.

이후 낮에는 교사, 밤에는 연극배우로 짜릿한 이중생활을 시작했다. 아주 잠깐 나오는 아나운서 역할이었다. 조연이었지만 잠잘 때만 제외하고는 거의 대본을 끼고 살았다. 그냥 외우기만 하지 않고, 대사 하나가 어떤 의도를 함축하고 있는지 낱낱이 파악하려고 애썼다. 단원들과 생각이 다르면 같이 고민하고, 결론이 날 때까지 끝장 토론을 했다. 뭐 하나 대충은 없었다. 무심코 봤던 연극 대사가 이렇게 큰 노력이 집약된 결과라니 놀라웠다. 학교가 끝나면, 식사도 거른 채 바로 가서 밤 열 시까지 연습했다. 길 가다가 그냥 지나쳤을 사람들을 연극이라는 교집합으로 만나, 매일 함께하는 과정이 꿈만 같았다.

연습하러 가는 버스 안에서 꾸벅꾸벅 졸았다. 몸은 피곤해도 마음은 지치지 않았다. 동경만 하지 않고, 도전한 나를 칭찬해주고 싶었다. 나이에 갇혀 호기심마저 민망하다며 거둬버리는 어른은 아니었다. 공연 날, 딸은 내가 좋아하는 노란 프리지어 꽃다발을 안겨주며 축하해주었다.

"이제 우리 엄마 연극배우다!"

영혼이 말라버린 어른이 되면, 창피해서, 늦어서, 남들 시선 때문에 엄두를 못 낸다. 사실 나도 늘 그 경계선에서 머뭇거리고 주저한다. 그런데도 말하고 싶다.

그냥 해봐라! 더 늦기 전에. 무식이 용감이다.

돈으로 살 수 없는 것

점심 후 눈꺼풀이 최고로 무거운 오 교시다. 학생들도 쏟아지는 졸음을 힘겨워하는 눈치였다. 그들은 알까? 그들 못지않게 선생님도 수업하기 싫다는 것을……. 선심 쓰듯 말했다.

"잠도 오는데 우리 게임 할까?"

학생들은 소리 지르며 좋아했다. 두 명이 필요한 게임이니 지원자는 앞으로 나오라고 했다. 수업 시간에 말 많은 녀석 두 명이 앞다투어 나왔다.

'Things that we can't buy with money'

칠판에 크게 적었다.

녀석들의 가느다란 눈이 제법 커졌다.

"돈으로 살 수 없는 것들을 번갈아 가며 계속해서 말하는 게임이야."

둘 다 '망했다'라는 표정이다.

"선생님! 돈으로 살 수 없는 것은 별로 없는데요?"

뭣 모르고 지원한 남학생은 머리를 긁적이며 난감한 표정을 지었다. 구시렁대지 말고 얼른 시작하라며 재촉했다. 가위바위보에서 진 녀석이 먼저 시작했다.

'love'(사랑)

앞 단어에서 힌트를 얻은 녀석이 웃으며 이어간다.

'friendship'(우정)

몇 개의 추상명사로 시간을 버티더니 힘들었는지 갑자기 천문학으로 간다.

'Venus'(금성)

또 앞 단어에서 힌트를 얻은 듯 회심의 미소를 지으며 말한다.

'Jupiter'(목성)

상대방에게 힌트만 줬던 녀석은 결국 외우고 있는 태양계 밑천이 다 떨어졌다. 그 광경을 지켜보는 아이들은 웃느라 정신없었다.

두 명 다 수고했다며 사탕을 주면서 말했다.

"돈으로 살 수 없는 것들을 잘 아는 사람이 훨씬 행복하게 살 수 있는 거야."

'중학생 남학생에게 너무 어렵게 말했나?'

녀석들은 더 머리 아파진 표정으로 고개를 저으며 들어갔다.

'돈으로 살 수 없는 것들'

나를 더 가치 있게 만들어 준 것은 어쩌면 돈으로 살 수 없는 것들이었다. 마음이 힘들 때 떠났던 제주도……. 거기에서 보낸 일 년은 적게 벌고, 적게 쓰면서, 훨씬 행복하게 살 수 있다는 것을 일깨워 주었다. 아무 생각 없이 시작한 제주 생활, 문제는 '돈'이었다. 사인 가족이 한 사람 월급으로 살아야 했다. 아니 버텨야 했다. 둘 다 빚에 대해 보수적이라 빚내지 않고 최대한 아끼며 살기로 했다. 말이 쉽지 두 명이 버는 것과 한 명이 버는 것은 차이가 컸다. 매달 공과금, 중도 해약이 힘든 적금상품, 기본적인 생활비까지 월급에서 반드시 나가야 할 것들을 제하면 빠듯했다. 생계에 필요한 비용을 빼면 최저 생활비만 남았다. 무슨 자신감인지 모르겠다. 나라면 할 수 있겠다는 생각이 들었다. 이 돈으로도 남부럽지 않게 행복하게 살 수 있다는 것을 증명해내고 싶은 오기도 생겼다. 사실은 믿는 구석이 있었기 때문이다.

사실 남들보다 물욕이 없는 편이다. 친구들이 좋은 옷을 보고 비싼 가방을 보면서 호들갑을 떨 때, 나만 별 감흥을 느끼지 못했다. 그런 나에게 친한 친구는 핀잔 아닌 핀잔을 주었다.

"너는 여자로서 가져야 하는 최소한의 허영심마저 없어."

물건을 봐도 흔히 말하는 "어머! 이건 사야 해!"가 잘 되지 않았다. 사실 무언가를 사지 않아도 불편하지 않았다. 지금 있는 것도 충분했다. 괜한 것을 사면 짐만 늘었다는 생각에 오히려 마음이 불편했다.

친구가 말한 나의 단점은 제주도 일 년 살았을 때 꽤 쓸모 있게 쓰였다. 우선 아이들 유치원은 비싼 프로그램이 빵빵한 사립 유치원 대신, 인원 미달인 병설 유치원을 보냈다. 대도시에서는 병설 유치원 입학이 치열하지만, 제주에서는 인원이 부족한 상황이었다. 다섯 살부터 일곱 살까지 혼반으로 운영하다 보니, 나이별 수업이 힘들 거로 생각해서, 대부분 돈을 내고 사립 유치원으로 보내고 있었다. 빈곤한 내 처지에서 보육만 해줘도 감사했다. 고민 없이 바로 등록했다. 덕분에 교육비는 일체 들지 않았다. 일 년을 통틀어 산 옷은, 오일시장에서 오천 원 하는 바지가 전부였다. 다른 것은 구매 욕구가 없는데 유일하게 고무줄 통바지는 사고 싶었다. 햇빛이 강한 제주 날씨에 피부를 차단해주면서, 입은 듯 안 입은 듯 통풍까지……. 꼭 필요한 지출은 아닌 것 같아, 몇 번을 들었다 놨다 고민했다. 결국 샀다. 파란색 바탕에 무질서하게 그려진 꽃무늬 바지. 제주도에서 산 유일한 옷이다.

외식은 거의 하지 않았다. 어머니가 보내주신 김치로 김치볶음밥, 김치찌개, 김치 볶음 등 없는 솜씨에 최대한 만들어서 집밥으로 생활했다. 무엇보다 종일 걷다 보면 시장이 반찬이었다. 뭐든 꿀맛이었다. 직장을 다니지 않으니 화장할 일도 없었다. 유일한 화장품은 무색 무향 크림 한 통을 식구가 함께 썼다. 먼 거리 이동할 때는, 서귀포 종합버스 터미널 근처에 살아 대부분 버스를 이용했다. 기다리는 시간과 약간의 멀미만 참아내면, 어디든 갈 수 있는 버스 노선이 있었다. 한 시간 간격으로 오는 버스도 그렇게 감사할 수 없었다. 게다가 아이들은 미취학이라 버스비가 공짜였다. 한 번은 버스 두 번을 갈아타고, 총 세 시간 걸려 게스트하우스에 간 적이 있다. 거기 스텝이 물었다.

"버스 타는 거 오래 기다리고 힘들지 않아요?"

일 초의 망설임도 없이 말했다.

"걸어가는 것보다는 낫잖아요."

적게 벌고, 적게 쓰면서, 훨씬 행복하게 사는 방법은 무궁무진했다. 우선 종일 걸었다. 올레길이든 오름이든 걸으면 돈 쓸 일이 없었다. 보온병에 사은품으로 받은 맥심 두 개를 털어 만든 커피를 넣고, 억새 바람 일렁이는 따라비 오름에서 마셨다. 아이들이 아침에 먹고 남긴 김치볶음밥을 바닷속 모래가 훤히 보이는 월정리 바다에 앉아 먹었다. 돈이 없어서 느끼는 박탈감 따위는 없었다. 오히려 여한이 없을 정도로 행복했다. 노오란 유채꽃이 지천으로 피어 있는 꽃길, 현무암 돌담길에 탐스럽게 피어 있는 수국, 나뭇가지가 휘어질 만큼 주렁주렁 달린 귤. 늘 감탄만 하다가 하루가 끝났다. 이렇게 행복을 느끼는데 종일 쓴 돈은 이천 원도 안 되는 버스비가 전부였다.

물론 일 년이라는 짧은 기간 경치 좋은 제주도에서 잠깐 여행 온 기분으로 살았기 때문에 좋았던 것일 수도 있다. 하지만 확실히 말할 수 있는 것은 '자연을 늘 가까이하며 매 순간 깨어있으면 행복하게 살 수 있다'라는 것이다. 제주도 일 년은 내 평생 처음으로 봄, 여름, 가을, 겨울 사계절을 온전히 집중한 시간이었다. 봄에만 맡을 수 있는 귤꽃 향, 여름에만 느낄 수 있는 시원한 빗줄기, 가을에만 맞을 수 있는 출렁이는 억새 바람, 겨울에만 볼 수 있는 하얀 함박눈까지 모든 것은 '찰나'였다. 행복은 매 순간 집중하면 어렵지 않게 곁을 내주었다. 매 순간을 느끼고 집중하며 산다는 것. 삶에서 중요한 방향을 일깨워 준 시간이었다.

도시 한복판에서도 얼마든지 마음만 먹으면 돈으로 살 수 없는 귀한 것들을 발견할 수 있다. 제주도에서 돌아온 후 매일 배낭을 메고 올레길이라고 생각하며 출퇴근을 한다. 덕분에 계절을 누구보다 가깝게 느낀다. 어제는 보지 못했던 민들레가 오늘은 시멘트 바닥 틈 사이로 수줍게 피어 있었다.
'그새 봄이 왔구나.'
가던 걸음을 멈추고 샛노란 민들레를 숨죽여 바라보았다.

나의 사랑, 나의 애인

밀가루 반죽 같은 그의 볼 딱지에 내 볼을 포갠다. 꽉 안은 채 살냄새를 맡고 있으면 나도 모르게 침이 고인다. 시큼털털한 땀냄새조차 사랑스러워 미칠 지경이다. 나는 아들 바보 아니 '아들 천치'다. 남편은 아들을 바라볼 때 눈에서 꿀이 뚝뚝 떨어진다며 질투하기 일쑤다.

'어쩌다 이 지경이 됐을까?'

아들은 나에게 '약'이다. 내 몸과 마음의 건강을 지켜주는 '약'. 아들을 안고 있으면, 물먹은 솜처럼 천근만근했던 몸은 가뿐해지고 복잡했던 마음은 평온해진다. 이 '약'을 꼬박꼬박 챙겨 먹은 덕분에 지금까지 큰 지병 없이 잘살고 있다고 굳게 믿고 있다. 몸과 마음이 흐린 날은 평소보다 강력한 약이 필요하다. 바로 아들에게 SOS를 보낸다.

"엄마 한 시간만 안아줘! 그러면 나아질 것 같아!"

다 큰 초등학생 오학년인데도, 엄마의 낯간지러운 부탁에 하는 일 멈추고 꼭 안아준다. 살을 비비며 한 시간 동안 꼭 안고 있으면, 고액 비타민 수액보다 효과가 직방이다.

아들은 요리를 잘한다. 다섯 살 때부터 배낭여행을 다니면서 밥 당번은 아들이었다. 유독 아들은 밥물을 기가 막히게 맞춰서 적절히 꼬들꼬들한 밥을 완성해 냈다. 여행을 마치고 인천공항 식당에서 김치찌개를 먹고 있는데 아들이 의아한 표정으로 말했다.

"엄마! 식당에 외국인이 거의 없어요. 이렇게 맛있는데……."

그 후 아들은 외국인도 좋아할 수 있는 '김치'를 주제로 한 '김치 전문 요리사'가 되고 싶다고 했다. 김치볶음밥, 김치찌개, 김치부침개, 김치밥, 김치 비빔밥……. 김치볶음밥과 김치밥은 조리법이 아예 다르다나 뭐라나. 여하튼 시간만 있으면 일일이 나열하기도 힘들 정도로 수많은 김치 테마 음식을 만들어 냈다. 덕분에 어머니 집에서 가져온 김치 한 통은 일주일도 못 간다. 인정하기 싫지만, 아들 음식이 내 음식보다 훨씬 평이 좋다. 아들이 요리하는 날은 음식 쓰레기가 별로 없다.

비가 추적추적 내리는 어느 날, 김치전이 생각났다.
"아들! 엄마 김치부침개 먹고 싶다!"
말이 떨어지기가 무섭게 '냉장고를 부탁해' 한 장면을 보는 것 같다. 재빠르게 신 김치를 냉장고에 꺼내서 송송 썬다. 부침가루 탈탈 털어 걸쭉하게 반죽을 만든다. 칼칼한 맛을 좋아하는 나를 위해 청양고추를 살짝 넣는다. 기름을 둘러 바삭한 식감이 느껴질 정도로 부친다. 아무 데나 담아도 될 것을 음식 색감이 돋보여야 한다며, 찬장에 있는 하얀 접시를 꺼낸다. 기름이 살짝 묻은 부분도 그냥 넘기지 않고 키친타월로 닦아 근사하게 플레이팅 한다. 반찬 만들기 귀찮은 날 김치볶음밥 해 달라고 하면, 신이 나서 사인 가족 김치볶음밥을 혼자서 뚝딱 만들어 내기도 한다. 뒤처리까지 깔끔해야지 진정한 요리사라며 설거지까지 완벽하게 한다.

요리뿐인가. 아들이 하는 말에는 꽃내음이 난다. 하루는 친정 가족 모임이 있었다. 살림 젬병인 나는 다른 엄마들처럼 계절이 바뀌었다고 부지런하게 옷을 꺼내 챙겨주지도 않는다. 여섯 살 때부터 본인 옷은 스스로 선택하고 입게 했다. 사실 거기까지 챙겨주는 세세함이 나에게는 턱없이 부족하다. 봄이 온 지 한참 지났는데, 두꺼운 겨울 파카와 털양말을 신고 있는 아들을 보고, 조카 바보인 이모가 깜짝 놀랐다. 몰랐는데 양말도 짝짝이였다. 이모는 콧등에 땀이 송골송골 맺혀 있는 조카가 안쓰러워 말했다.

"세상에! 이게 뭐야? 엄마가 이런 것도 안 챙겨줬어?"

그때 조용히 듣고 있는 아들이 말했다.

"그래도 사랑은 잘 챙겨주세요."

평소 말수가 없는 아들이지만, 엄마를 나무라는 상황이 싫었나 보다.

초등학교 일학년 때였다. 벚꽃이 꽃비처럼 내리는 봄날, 아들과 산책을 했다. 재미로 아들에게 말했다.

"떨어지는 벚꽃을 잡으면 첫사랑이 이루어진대!"

아들은 몇 번을 허탕 치더니 용케도 잡았다. 힘들게 잡은 벚꽃 하나를 나에게 건넨다.

"왜 이 귀한 것을 엄마 줘?"

"귀한 거니깐 귀한 사람에게 주는 거예요. 제 첫사랑은 엄마잖아요."

영화 속 한 장면이 따로 없었다. 꽃잎이 흩날리는 날, 로맨스 영화 여자주인공처럼 아들의 고백을 듣고 수줍게 웃었다. 아들이 준 벚꽃이 뭉개질까 봐 주머니에 고이 넣고 손을 잡고 걷는데 바람이 불었다. 봄이어도 바람이 제법 추웠다. 얇은 옷을 입고 있는 아들이 입술까지 퍼레졌다.

"엄마가 잠바 벗어줄게. 이거라도 입고 있어."

아들은 질색하며 거절한다.

"싫어요! 제가 추운 게 낫지, 엄마가 추운 것은 더 싫어요."

끝까지 고집을 피우는 바람에 결국은 둘이 꼭 껴안고 산책을 했다.

이렇게 로맨틱한 아들이 어찌 나에게만 로맨틱하겠는가. 초등학교 사학년 때였다. 매일 자기 전에 껴안고 서로 이런저런 이야기를 한다. 그날은 출산 이야기를 하게 됐다. 하늘이 노래질 만큼 오랜 시간 진통 끝에 너를 낳았고, 이후 미역국을 반년 동안이나 먹었다고 얘기해주었다.

"미역국을 그렇게나 오래 먹어요?"

"미역국이 젖도 잘 나오고 하고, 자궁 수축도 도와주거든."

이야기의 주제는 엄마가 너를 얼마나 힘들게 낳고 키웠는지를 알라는 의도였다. 그런데 아들은 자꾸 미역국에 관심을 보인다. 그러더니 아들은 진지한 표정으로 말했다.

"엄마! 내일 미역국 만드는 법 좀 가르쳐 주세요!"

그제야 이해됐다. "제 생일에 미역국을 엄마에게 대접하고 싶어서요."라는 뭐 그런 답변이 예상됐다. 벌써 흐뭇해져서 나도 모르게 입꼬리가 올라갔다. 애써 궁금한 표정을 지으며 물었다.

"왜?"

"미래 제 아내가 출산하면 얼마나 힘들겠어요. 미리 배워놓으려고요."

"……."

순간 멍했다. 꽃잎이 흩날리던 맑은 하늘에 천둥 번개가 치는 듯했다. 어떻게 반응해야 할지 난감했다. 몇 초 후 모호한 표정으로 입을 뗐다.

"어…… 그래. 우리 아들 나중에 아내한테 사랑받겠네."

며칠 전 핑크빛 하늘은 온데간데없었다. 로맨스 영화에서 사랑 고백에 수줍은 미소를 짓던 여자주인공은 없었다. 치정

극에서 처절하게 버림받은 비련의 여자주인공만 있을 뿐.

'그래. 품 안의 자식이지. 결국 남의 여자 될 건데…….'

자식은 내게 온 귀한 손님이라고 하더니……. 그래도 서운한 마음은 어쩔 수 없었다.

다음 날 아침, 혼자 토라져 있는 내 마음을 아는지 모르는지, 아들은 평소처럼 현관에서 신발을 신으며 말했다.

"엄마! 나가는 길에 음식쓰레기 버릴 테니깐 저 주세요!"

"늦었잖아. 오늘은 그냥 가."

"어차피 제가 할 일이니깐 지금 하는 게 나아요. 얼른 주세요!"

예전 같았으면 어쩜 이렇게 일도 잘 도와 주냐며 볼을 비비고 호들갑을 떨었을 것이다. 오늘은 어제 삐친 마음이 아직은 덜 풀렸는지 아들 말을 삐딱하게 받아들인다.

'그래……. 나중에 아내에게 똑같이 하겠지. 아니 더하겠지.'

순간 피식 웃음이 나왔다. 이런 내 모습을 보니 나중에 성질 고약한 시어머니가 될 게 눈에 훤했다. 유치하기 짝이 없었다. 그래도 냄새나는 쓰레기를 잊지 않고 가져가겠다고 하는 그 마음이 얼마나 고마운가. 잠시 옹졸했던 마음을 반성했다. 그리고 몸을 낮춰 아들 눈을 바라보았다. 아들 머릿결을 쓰다듬으며 말했다.

"고마워! 아들! 사랑해!"

아들은 나에게 뽀뽀를 하고 씩 웃는다.

"저도요!"

음식 쓰레기를 개의치 않고 들고 가는 아들 뒷모습을 한참 바라봤다.

'그래. 나한테 온 귀한 손님이 요리도 해줘, 말도 심쿵하게 해줘, 살림도 도와줘, 얼마나 고마운 일인가?'

나한테 온 이 시간만큼이라도 후회 없이 사랑하고 아껴줘야지. 내 품을 떠나기 전까지 아무쪼록 대접에 소홀함이 없도록 신경을 써야겠다. 오늘은 아들에게 미역국 맛있게 끓이는 나만의 조리법을 전수해줘야겠다. 나중에 아내에게 잘 대접해주라는 말과 함께…….

성의 없는 생신 상

"이번에 또 가?"

주변인들의 반응이다. 무슨 일이 있어도 일 년에 두 번은 꼭 해외여행을 떠나는 내가, 그들의 눈에는 탐탁지 않은 눈빛이다. 시댁 제사가 있어도, 친정어머니가 편찮으셔도, 아이들 학원 일정이 꽈배기처럼 다 꼬여도 간다. 욕을 먹어도 무더기로 먹을 만한 며느리, 불효막심한 딸 그리고 철부지 엄마다. 신경이 안 쓰인다면 거짓말이다. 좋아하는 여행 다니면서 며느리, 딸, 엄마로서 의무까지 다하면 얼마나 좋겠는가. 그러기에는 에너지와 시간은 한정적이다. 그토록 좋아하는 여행을 포기할 수 없으니, 나만의 방식으로 할 수 있는 영역까지만 하려고 노력한다. 좋지 않은 평판을 들어도 사실 할 말은 없다. 당연한 결과이니 감내해야 할 몫이라고 생각한다.

한번은 제삿날, 시댁 어르신들이 제사가 있어도 여행 가는 맏며느리에게 한마디 해야 한다며 얘기가 나온 모양이다. 듣자마자 어머니는 우리 며느리 같은 며느리 없다며 그런 소리 말라고 단호하게 말했다. 오히려 당신처럼 며느리 복 많은 사람 없다며 며느리 자랑을 했다는 사실을 뒤늦게 알게 됐다.

"짜잔! 미역국 왔습니다. 생신 축하드려요!"

"이따 저녁에 우리 집 오셔서 식사하시게요."

평소 아침잠이 많은 나는 무슨 일이 있어도, 어머님 아버님 생신날은 새벽 다섯 시에 일어난다. 없는 요리 솜씨로 미역국을 끓여 아침 일찍 찾아간다. 미역국 당일 배달서비스다. 맛은 보장 못 하지만 '마음'만은 보장할 수 있는 미역국을 생신날 아침 십 년 넘게 드리고 온다. 일 년에 고작 두 번이니 사실 큰 부담은 아니다. 할 수 있는 영역에서 최선을 다하는 것이다.

퇴근 후 생신 상은 사인 가족이 팀워크를 발휘하면 한 시간이면 가능하다. 남들이 생각하는 거창한 생일상이 아니기 때문에 가능하다. 우선 집 청소는 남편 담당이다. 속전속결로 거실만큼은 최소한 발 디딜 곳을 만들어 놓는다. 음식은 내 담당이다. 정확히 말하면 '음식 주문' 담당이다. 배달 앱으로 이모님들의 손맛이 가득한 음식들을 종류별로 시킨다. 옛날 같으면 생각지도 못했던 음식들을 요즘은 배달서비스로 다 맛볼 수 있다. '요알못'인 주부에게 배달서비스는, 시부모님 생신날 며느리 노릇은 할 수 있게 해주는 고마운 서비스다. 초밥, 회, 불고기, 월남쌈 등 산해진미가 따로 없다. 예쁜 그릇에 심혈을 기울여 음식을 담는다. 보기도 좋은 떡이 먹기도 좋지 아니한가. 청포도, 방울토마토, 키위 등 색깔을 낼 수 있는 다양한 과일과 함께 장식하면 그야말로 금상첨화다. 아이들은 '이벤트' 담당이다. 딸은 진행을 맡아 대본을 적고 외우느라 여념이 없다. 장기 자랑을 맡은 둘째는 평소 쳐다보지도 않는 피아노 앞에 앉아 같은 곡을 열 번 넘게 연습한다. 각자 임무가 빨리 끝난 사람은 생일 축하 노래를 버전별로 틀어놓고, 십 년째 쓰고 있는 천 원짜리 플래카드와 풍선으로 거실을 장식한다.

다소 산만하고 조금 성의가 부족한 생신 상 준비는 한 시간이면 끝난다. 오늘 주인공인 어머니에게 고깔모자를 씌워드리고 딸의 진행으로 생일파티는 시작된다.

"모두 자리에 앉아주시길 바랍니다. 지금부터 할머니 생신

파티를 시작하겠습니다."

한두 해 해본 게 아니라 능숙하다. 어머님 아버님은 연신 흐뭇하게 지켜본다. 며느리 손맛은 아니지만, 며느리가 손수 시킨 배달 음식을 맛있게 드셔준다. 그런 걸로 책잡아 며느리를 흉보는 시부모님이 아닌 것에 늘 감사하다. 음식을 먹으면서 아이들은 앞에 나와 마음이 담긴 손 편지를 낭독하고, 연습했던 장기 자랑을 선보인다.

나중에서야 알았다. 보통 사람들은 시댁 식구들 초대하는 것을 가볍게 생각할 수 없다는 것을……. 며칠 전부터 메뉴 걱정에, 집 청소에. 쉽게 생각할 수가 없다고 한다. 며느리 요리 솜씨 없는 것은 익히 시부모님이 알고 있어 요리로 잘 보이고 싶은 마음은 포기한 지 오래다. 하지만 마음만은 표현하고 싶어 할 수 있는 영역까지만 한 것이다. 쉽게 생각했다. 내가 나중에 시어머니가 되면, 자식이 매번 초대하는 그 마음이 고맙지, 그 음식의 출처는 사실 중요할 것 같지 않았다. 직접한 음식이면 어떻고, 배달 음식이면 어떤가. 형식적으로 초대해서 인상 구겨가며 음식 준비하는 것보다는 훨씬 낫다고 생각했다. 내 방식대로 마음을 표현하는 것이 내가 할 수 있는 최선이었다. 다행히 그런 것을 책잡지 않고 포용해주는 시부모님을 만났기 때문에 가능했다. 큰 요행이라고 생각한다. 완벽할 수도, 완벽해지고 싶지도 않다. 생각만 해도 눈에 힘이 들어가고, 입술이 바짝바짝 탄다. 부담을 느끼면 절대 오래 갈 수 없다. 이기적인 며느리의 성의 없는 생신 상은 계속될 것이다.

인생 최고의 '돌봄'

아무래도 이건 아닌 것 같다. 시간이 다가올수록 취소하고 싶은 생각이 굴뚝같다. 싼 게 비지떡이라고 특가 비행기 표라 일정을 다시 조정할 수도 없다.

'미쳤지. 도대체 무슨 생각으로 혼자 아이들 데리고 여행가겠다고 한 걸까?'

걱정이 물밀듯이 밀려왔다.

'이 많은 짐을 혼자 어떡하지?'

'길치인 내가 길 잃어버리면 우리 아이들은?'

'거기서 애들 아프기라도 하면?'

방학 때마다 떠나는 여행, 이번에는 인도네시아 발리다. 아쉽게도 남편 방학이 일주일 뒤에 시작한다. 금쪽같은 시간이 아까워 아이들하고 먼저 가겠다고 했다. 무식하면 용감하다고 그때는 할 수 있을 거로 생각했다. 아이들과 여행해보는 것도 새로운 경험이라고 생각했다. 적어도 그때는…….

종종 내가 가진 능력보다 훨씬 나를 과대평가한다. 치명적인 단점이다. 그동안 가족여행의 모든 공은 내 노력 덕분이라 생각했다. 내가 여행 일정을 짜놓으면, 남편은 짐을 들고, 길을 찾는 등 기타 '잡일'을 담당했다. 그렇다. '잡일'이라고 생각했다. 주된 일은 다 내가 하고, 잡다한 일은 남편이 한다고 생각했다. 속 좋은 남편은 매번 그때마다 나의 공을 치켜세워줬다. 그럴수록 더 거만해졌다. 힘든 내색 없이 묵묵히 모든 잡일을 해줬던 남편 덕분에 내가 다한 줄 알았다. 혼자 여행을 결심한 것도 다 남편 때문이다. 남편은 도통 여행하면서 짜증을 내거나 힘든 내색을 하지 않았다. 그래서 누구나 할 수 있고, 누구나 해도 되는 쉬운 일인 줄 알았다.

여행 가기 며칠 전, 짐 싸고 옮기는 것부터가 걱정이었다. 머리가 아프기 시작했다. 이제껏 우리는 철저히 분업화였다. 우선 내가 필요한 짐을 죄다 꺼내 펼쳐 놓으면, 남편은 버리는 공간이 없게 트렁크 안에 테트리스처럼 짐을 차곡차곡 넣었다. 들어가지 않을 것 같았던 짐들도 남편 손만 거치면 쏙 들어갔다. 적절한 힘을 주어 지퍼를 닫는 마지막 순간까지 늘 남편의 몫이었다. 물론 짐꾼 역할도 남편이었다. 나는 내 몸 하나만 챙기면 끝이었다. 나머지 모든 짐은 남편이 들고 다녔다. 한국에서 짐은 남편이 싸준다지만 현지에서가 문제였다.

시험 삼아 남편 앞에서 트렁크에 짐을 싸보았다. 요령도 없이 무조건 다 쑤셔 넣고, 트렁크 위로 앉아 엉덩이에 힘을 잔뜩 주었다. 트렁크는 '나 살려라.' 하며 짐을 다 토해냈다. 남편은 남는 공간을 최대한 활용하라고 했다. 남편에게 잘 보이는 공간은 나에게는 눈 씻고 찾아봐도 보이지 않았다. 생각해보니 짐보다 더 큰 걱정은 '길 찾기'였다. 나는 십 년 넘게 살았던 동네에서도 길을 잃어버리는 길치 중의 길치다. 남편은 누구나 쉽게 익힐 수 있다며 구글 맵을 가르쳐 주었다. 불행히도 나는 '누구나'가 아니었다. 남편이 초등학생 눈높이로 설명을 해줘도 이해를 할 수 없었다. 스마트폰을 문자와 전화 용도로만 사용하는 나로서는 난이도 최상이었다. 듣다가 순간 울화가 치밀었다. 그리고 남편을 도끼눈으로 쳐다보며 쏘아붙였다.

"왜 한 번도 힘들다고 하지 않았어? 힘들다고 죽는소리 한 번이라도 했으면 내가 혼자 나갈 생각을 했겠어?"

이게 말인가, 막걸리인가. 화풀이할 데가 없으니 애꿎은 남편한테 불똥이 갔다.

지구의 자전 속도는 딱딱 맞게 돌아가나 보다. 내 바람과 달리 출국 날은 바로 코앞으로 다가왔다. 출국 전날 뜬눈으로 밤을 새웠다. 남편에게 국제 미아 될 수 있으니 뉴스 챙겨 보라며 웃기지도 않는 농을 던졌다. 걱정이 태산인 엄마가 안쓰러워 보였을까? 공항까지 아들은 큰 캐리어를, 딸은 작은 캐리어를 들고 있어 내가 들 게 없었다.

'엄마가 얼마나 엉성하게 보였으면……'

피식 웃음이 나왔다. 평소 비행기를 타면 기내식과 함께 창밖 풍경을 보며 여유롭게 시간을 보냈지만, 이번에는 달랐다. '공항 도착 후 소액을 환전한다.' '유심을 산다.' '예약한 기사에게 문자를 보낸다.' 공항에서 숙소 들어가는 순서를 반복해서 메모지에 적었다.

'오늘은 숙소에 무사히 도착하기만 하면 된다.'

그 생각밖에 없었다.

곧 발리에 도착한다는 기내 방송이 나왔다. 아까 비행기가 뜬 것 같은데 도착이란다.

'드디어 올 게 왔구나.'

둥지에서 떠나는 새끼 새의 비장한 각오랄까. 마른침을 꼴깍 삼켰다. 착륙 후 아이들은 서둘러 빨리 나가자고 재촉하는데 최대한 천천히 나가고 싶었다. 짐을 찾고 밖을 나서자, 후덥지근한 공기가 훅 느껴졌다. 긴장해서인지 더워서인지 여하튼 얼굴은 땀범벅이 됐다. 일주일이다. 남편이 오는 일주일만 잘 버티면 된다. 한국에서 남편이 예약해줬던 차는 다행히 시간에 맞춰 와줬고, 덕분에 숙소까지 무사히 도착했다. 오늘은 잘 버텼다고 생각했다. 문제는 숙소 도착하고 나서부터다. 전통가옥이라 엘리베이터가 없었다.

우리 방은 사층이다. 어쩌겠는가. 짐꾼 남편이 없는데……. 아이들이 작은 캐리어를, 나는 큰 캐리어를 들고 낑낑대며 올라갔다. 손바닥은 빨개지고 팔은 부들부들 떨렸다. 십층 같은 사층에 도착했다.

'방에서 오늘은 무조건 쉬어야지.'

우리 객실을 찾았다. 발리 전통가옥이라 해리포터에나 나

옴직한 자물쇠를 열어야 들어갈 수 있었다. 캐리어 때문에 힘이 빠질 대로 빠진 손으로 시도했다. 이렇게 돌려도, 저렇게 돌려도, 열리지 않았다.

'아……. 이제는 열쇠도 못 여는 지경까지 온 건가?'

열려야 할 열쇠는 열리지 않고 뚜껑만 열렸다. 결국 일 층 로비까지 씩씩거리며 내려갔다.

"아무리 해봐도 열리지 않아요. 고장 난 것 같은데 올라가서 같이 좀 봐주세요."

얼굴이 뻘게져서 다소 흥분된 어조로 말했다. 직원은 그런 나를 의아한 눈빛으로 보더니, 약간 귀찮은 듯 답했다.

"조금 전까지만 해도 문제가 없던 열쇠인데 한번 가보죠."

아까 전까지만 해도 '문제가 없던' 열쇠라는 말에 살짝 불안했다. 사층까지 올라가는 내내 제발 '문제가 있는' 열쇠이기를 바랐다.

직원은 수월한 손놀림으로 한 번에 열어주었다.

"거봐요. 이렇게 열리는데요."

"……."

민망함에 귀까지 빨개졌다. 머쓱한 표정으로 한 번 더 시범을 보여 달라고 했다. 안 그래도 튀어나온 눈을 부릅뜨고 지켜보았다. 힘을 두 번 준 다음, 두 번 꺾어서 돌리면 열렸다. 아주 지랄 맞은 몹쓸 자물쇠였다. 지켜본 그대로 여러 번 해보았다. 운 좋으면 열리고, 운이 좋지 않으면 열리지 않았다. 그날 '손발'에 따라 외출이 결정될 수 있는 상황이었다. 차라리 잘 됐다. 좋은 명분이 생겼다.

"우리 그냥 일주일 동안 외출하지 말까?"

말도 안 되는 제안을 아이들에게 했더니 아들이 말했다.

"엄마! 문은 제가 담당할게요."

아들은 직원이 문 열 때, 유심히 봤다며 쉽게 따라 할 수 있다고 했다. 시켜보니 한 번에 쉽게 문을 열었다.

'대견하면서도 살짝 부끄러운 이 기분은 뭐지?'

그래도 아들 덕분에 외출은 할 수 있으니 얼마나 다행인가.

그렇게 문 하나로 요란 법석을 떤 첫날, 밤이 되었다. 머리부터 발끝까지 피곤으로 퍼져있었다. 대충 샤워를 하고 침대에 철퍼덕 누웠다.

'적도를 지나 여기까지 혼자 용케 왔구나.'

혼자 이런저런 생각으로 눈물이 찔끔 나려고 했는데, 바로 기절하다시피 잠이 들었다. 새벽 두 시, 눈이 떠졌다. 축축했다. 머리카락도, 몸도, 베개도 다 축축했다. 땀이었다. 에어컨에 손을 갖다 댔다. 미지근한 바람만 요란한 소리와 함께 나오고 있었다. 옆에서 세상모르고 자는 아이들 이마를 만져보니 땀이 흥건했다. 바로 창문을 열었다. 밖이 더 시원했다. 잘 떠지지도 않은 눈으로 찌푸리며 에어컨 리모컨을 이리저리 눌러봤다. '강'으로 눌러져 있는데 왜 시원하지 않을까. 울고 싶었다. 새벽에 아이들과 함께 찬물 목욕으로 땀을 식혔다. 로비에 직원은 이미 퇴근하고 없었다.

창문을 닫으면 숨이 막힐 정도로 덥고, 열면 살벌한 모기 떼가 들어왔다. 울고 싶었다. 리모컨으로 삼십 분 넘게 사투를 벌이다, 결국은 자포자기 심정으로 창문을 다 열었다. 그날 발리 모기들에게는 이례 없는 축제의 장이 되었다. 아이들과 나는 처음 만난 발리 모기에게 울며 겨자 먹기로 무한 헌혈을 했다. 아이들도 나도 모기에 뜯겨 잠 한숨 못 잤다. 다음 날 아침, 세 명 다 참혹한 몰골로 거울을 봤다. 경쟁이라도 하듯이 자기가 더 많이 물렸다며 빨갛게 부은 자국을 내보였다. 입술, 눈꺼풀, 심지어 발바닥까지 멀쩡한 데가 없었다. 직원에게 물어보니 옛날 에어컨이라 '터보'로 틀어놓고, 천장 선풍기를 '강'으로 틀어놔야 그나마 시원하다는 대답을 들었다.

그 시크한 직원에게 두 번째 성질이 났다. 미리 말을 해줬더라면 좋지 않았겠냐며 뒤늦은 컴플레인만 하다 방으로 돌아왔다. 천장 선풍기를 틀었다. 덜컹대며 바람개비처럼 돌아갔다. 침대에 누워 생각했다.
'난 왜 한 번도 천장 선풍기를 생각하지 못했을까?'
터보 버튼이 있는지도 몰랐고, 천장 선풍기를 틀 생각도 못했다. 이유는 간단했다. 늘 기계조작은 남편 몫이었다. 심지어 나는 집에서 보일러 조작도 해본 적이 없었다. 어제 새벽에 물린 발바닥을 미친 듯이 긁으며 생각했다. 보이지 않은 남편 노고에 대해 이제는 감사한 마음을 갖겠다고······. 그러니 제발 일주일이 어서 지나가라고······. 못난 엄마 때문에 아이들은 시도 때도 없이 벅벅 긁으며 가려움을 견뎌야 했다. 그날 이후 아이들은 숙소에 들어오면 에어컨과 선풍기를 동시에 틀어 미리 공기를 차갑게 했다. 모기 한 마리라도 들어오면 앞 다투어 모기 채로 재빨리 잡았다. 내가 딱히 할 게 없었다.

하루는 코코넛 아이스크림 맛집을 가보자는 이야기가 나왔다. 숙소 바로 앞에만 왔다 갔다 하는 게 조금은 지루했나 보다. 미안한 마음에 용기 내어, 한 번 가보자고 했다. 조금은 어려운 임무지만, 그래도 남편 오기 전까지는 자랑할 거리는 있어야 할 것 같았다. 무엇보다 아이들에게 엄마도 할 수 있다는 것을 꼭 보여주고 싶었다. 숙소에서 구글 맵으로 아이스크림 가게를 검색했다.

'요 녀석만 믿으면 된다는 거지?'

신줏단지 모시듯 핸드폰을 손에 쥐고 출발했다. 핸드폰에 얼굴을 쑤셔 넣고 더듬더듬 걷고 있는데 아들이 말했다.

"엄마, 굳이 안 봐도 돼요. 저기 사거리에서 좌회전하면 되잖아요."

"……."

아들은 구글 맵으로 가는 길이 뜨면 대략 이해가 된다는 것이다. 설마 하는 마음으로 아들을 따라가 봤다. 사거리에서 좌회전을 해보니 아이스크림 가게 간판이 보였다. 이제는 머쓱할 힘도 없었다.

대표 메뉴인 코코넛 아이스크림을 주문했다. 반으로 잘린 코코넛 안에 아이스크림이 먹음직스럽게 담겨 나왔다. 맛집답게 코코넛 과육이 들어가 있어 진한 코코넛 맛이 느껴졌다. 아이들은 게 눈 감추듯 먹었다. 다 먹고 아이스크림이 담겨 나온 코코넛 용기를 버리려고 했다. 순간 아줌마 근성이 튀어나왔다.

"얘들아! 이게 진짜 몸에 좋은 거야. 젤리처럼 얼마나 맛있다고."

아이들이 먹질 않자, 나 혼자 수저로 싹싹 긁어 코코넛 과육을 먹었다. 만족스러웠다. 시원한 아이스크림도 먹었으니 바로 앞에 있는 재래시장도 구경해 보자고 했다. 숙소 바로 앞이 아닌 첫 외출에 우리 모두 한껏 신이 났다.

시장에 아기자기한 발리 기념품들이 즐비해 있어 시간 가는 줄 모르게 구경했다. 잠깐 쉬려고 근처 카페에 들렀다. 음료수를 시키려는 순간 속이 매슥거렸다. 아이들에게만 주스를 시켜주고 속이 가라앉기를 기다렸다. 가라앉기는커녕 갑자기 식은땀이 나기 시작했다. 아침부터 먹었던 것을 떠올려 봤다. 아이스크림밖에 없었다. 그때 아깝다고 싹싹 긁어먹었던 코코넛 과육이 생각났다. 하얀 과육이 아니라 누리끼리한 색깔에 텁텁한 맛이었던 것이 생각났다.

생각하는 와중에도 배는 뒤틀리듯이 아팠다. 본능적으로 심각하다고 느끼고 바로 카페를 나왔다. 샤워해도 될 만큼 식은땀이 온몸에 줄줄 흘러내렸다. 한 발자국도 걸을 수 없을 만큼 극심한 복통이 시작됐다. 눈앞에 사물이 흐릿하게 보였다. 쓰러질 것처럼 몸이 휘청거렸다. 길가에 쪼그리고 앉아 숨을 가다듬었다. 순간 아이들 걱정이 앞섰다.
'여기서 쓰러지면 우리 아이들 국제 미아 되는 건데······.'
마음과 달리 몸은 점점 무서운 속도로 나빠졌다. 이를 악물고 바들바들 떨며 땅바닥에 주저앉아 다시 숨을 고르고 있었다. 내 모습을 보고 놀란 아이들이 나를 부축했다.
"엄마! 걸을 수 있겠어요? 저 잡으세요."
"오 분만 걸으면 숙소예요. 정신 차리세요."

아이들의 손을 잡고 가다가 기어가고, 가다가 기어가고, 어렵게 숙소에 도착했다. 도착하자마자 다 게워내고 설사를 했다. 장염 증상이었다. 첫째는 트렁크에 있는 유산균을 꺼내고, 둘째는 커피포트에 물을 데워 비상약으로 가져온 생강가

루로 진한 생강차를 타 주었다. 아이들이 장염에 걸렸을 때, 내가 해줬던 방법 그대로 나에게 해주고 있었다. 아이들이 건네준 유산균 몇 개 털어 넣고, 진한 생강차를 후후 불며 마셨다. 좀 살 것 같았다. 하필 생수 물이 다 떨어졌다. 그때 아이들은 돈을 가지고 어디론가 갔다. 몇 분 뒤, 이 리터 생수를 사서 올라왔다. 알고 보니 숙소 직원에게 엄마가 아파서 물이 필요한데, 물을 살 수 있냐고 물어봤다고 한다. 여행 때 영어 말하는 것이 창피하다며 내 뒤에 숨기 바빴던 녀석들인데…….

데워준 따뜻한 물을 계속해서 마셨다. 아이들은 빈 페트병에 따뜻한 물을 담아 근사한 핫팩을 만들어 줬다. 배에 대고 있으니 통증이 훨씬 덜했다. 몸에 힘이 풀리면서 잠이 왔다. 몇 시간을 잤을까 잠에서 깨어 보니 여전히 핫팩은 따끈따끈했다. 아이들은 핫팩이 식으면, 온수를 채워가며 엄마를 '돌봤다'라고 했다. 덕분에 거짓말처럼 하루 만에 장염 증상이 좋아졌다. 그야말로 내 인생 최고의 '돌봄'이었다.

손이 많이 가는 나는 어쩔 수 없나 보다. 여행 전 했던 걱정들이 생각났다.

  '이 많은 짐을 혼자 어떡하지?'

  '길치인 내가 길 잃어버리면 우리 아이들은?'

  '거기서 애들 아프기라도 하면?'

  민망해서 웃음이 새어 나왔다. 부끄러움은 내 몫이다.

  그나저나 남편은 언제 오나?

지금 투덜대는 일상이 어쩌면 시간이 흘러,
초능력을 써서라도 시간여행을 하고 싶을 만큼
그토록 가고 싶은 순간일 수 있지 않을까?

5부

참 무탈한 하루다

최악의 숙소가 최고의 숙소

"여덟 살 아이를 데리고 몽골 여행을 가신다고요?"

아들 놀이치료 선생님이 놀랐다. 아들은 초등학교 일학년 때 잠깐 놀이치료를 다녔다. 유독 예민하고 낯선 상황에서 긴장을 많이 했다. 초등학교 입학 후, 장난기 있는 남자아이들에게 치이는 일들이 많아졌다. 친구들이 장난으로 툭 밀치면 아들은 금세 눈에 눈물이 그렁그렁 맺혔다. 그뿐인가. 놀이터에서 친구들을 만나면 얼굴이 빨개져 부끄럽다며 도망치기 일쑤였다. 한번은 초봄이었다. 아침에 쌀쌀해서 겨울 패딩을 입혀서 보냈다. 날이 풀려 낮에 꽤 따뜻해졌나 보다. 수업 중 외투를 벗는 것이 창피하다며 꾹 참다가 온몸에 땀띠로 고생을 한 적도 있다. 그런 아들을 보고 있으면 속이 터지고 갑갑

했다. 노력했지만 다른 아이들과 비교되는 마음은 어쩔 수 없었다.

'엄마로서 뭘 잘못했을까?'

모두 그렇겠지만 정성을 다해 키웠다. 끊임없이 사랑을 표현하고, 사교육보다는 자연과 책을 늘 가까이하며 키웠다. 억울했다. 누구 하나 나에게 뭐라 하는 사람은 없었지만, 엄마로서 낙제점을 받는 느낌이었다. 이런 마음을 들킬까 봐 아들이 보지 않는 곳에서 숨죽여 많이도 울었다. 이번 여름방학 가족여행만큼은 번잡하지 않은 곳에서 온전히 내 마음에 집중하고 싶었다. 에너지와 생각을 분산시키지 않을만한 곳. 문득 몽골이 떠올랐다. 잘은 모르지만, 초원이 있고 별이 쏟아지는 장면이 떠올랐다.

그렇게 몽골 여행은 억울한 마음, 비교하는 마음을 덕지덕지 붙인 채 떠났다. 몽골 도착 첫날 수도 울란바토르에 있는 허름한 게스트하우스에서 짐을 풀었다. 맛 가기 직전인 침침한 조명, 형편없이 낮은 수압 그리고 쿰쿰한 곰팡내가 진동하는 욕실까지 모든 것이 최악이었다. 우울한 기분은 더 우울해졌다.

이후 계획대로 홉스굴 호수와 고비사막을 여행하면서, 한 달 동안 게르(몽골족의 이동식 집)에서 생활했다. 게르 안은 모습은 군더더기라고는 하나도 없는 꼭 필요한 것만 있었다. 네 개의 침대와 중앙 탁자 그리고 간이 개수대가 전부였다. 전기와 물은 나오지 않았다. 어두워지면 헤드랜턴으로 꼭 필요할 때만 사용하고 무조건 잠을 자야 했다. 공용욕실은 샤워기 헤드에서 차가운 물 두 줄기가 맥아리 없이 나왔다. 샤워는 아주 큰마음을 먹어야 가능했다. 그래서 거의 한 달 동안 큰마음을 먹지 않았다. 간이 세수와 양치만 하면서 하루하루 견뎠다. 하루는 게르 앞에 앉아, 지나가는 몽골 현지인들을 구경했다. 척박한 환경에서 샤워는커녕 물도 충분히 마시지 못하고 전기도 없는데, 정작 찌푸리는 사람을 거의 볼 수가 없었다.

'뭐가 그렇게 고민이야? 좀 더 가뿐하게 살 수 없어?'

그들은 그들보다 많은 것을 가졌음에도 우거지상을 하는 나에게 따끔하게 말하는 것 같았다.

몽골 기후와 맞지 않았는지 비염 증상으로 코막힘이 심했다. 기온이 내려가는 밤에는 코로 숨을 쉴 수가 없어 아예 잘 수가 없었다. 여간 괴로운 것이 아니었다. 이렇게 고생하려고 온 여행이 아닌데 여기 와서 숨조차 제대로 못 쉬고 있는 상황이 서러웠다. 힘없이 누워있는 나에게 걱정이 가득한 눈으로 아들이 물었다.

"엄마! 많이 힘들어요?"

"게르 안 공기가 차가워지면 코막힘이 더 심해져. 그때 빼고는 괜찮아! 걱정하지 마!"

아들은 아픈 엄마가 계속 마음이 쓰였던 모양이다. 게르 중앙에는 난로가 있다. 장작을 패서 넣고 불이 꺼지지 않게 누군가는 계속 봐줘야 한다. 사실 만만치 않아서 새벽에는 게르 관리하는 사람이 한두 번 봐주지만 종일 해주지는 않는다. 몹시 추운 새벽에만 켜져 있고, 그 외에는 불을 피우지 않는다. 장작을 계속 패서 넣는 것도, 그 불이 꺼지지 않게 지켜보는 것도 힘들기 때문이다.

"엄마! 내일부터 난로 제가 담당할게요."

아들은 매일 아침 아빠에게 졸라 장작을 가지러 가자고 했다. 아들 성화에 어쩔 수 없이 아빠는 반강제로 아침마다 장작을 패야 했다. 아침마다 고사리 같은 손으로 아들은 아빠가 건네준 장작을 받아 날랐다. 아빠에게 배운 대로 엄마를 위해 직접 불을 피워 게르를 따뜻하게 해주었다. 중간에 혹시 불이 꺼질까 계속해서 불을 살폈다. 아들 정성 덕분에 낮에도 게르 안은 사우나처럼 후끈했다. 덕분에 숨 쉬는 것이 그나마 수월해졌다.

 평소 땀이 많은 아들은, 잘 때 땀에 흠뻑 젖을 정도로 더웠어도, 단 한 번도 불평한 적이 없었다. 속 깊은 아들이 엄마에게 해줄 수 있는 사랑의 표현이었다. 부끄러웠다. 이렇게 마음의 결이 고운 아이였다는 것을 금세 잊고 성향 자체가 다른 아이들과 비교하다니……. 새벽에 잠이 깨서 아들을 봤다. 땀에 흠뻑 젖어 새큰새큰 자고 있었다. 땀이 흥건한 이마를 손으로 닦아 주었다. 잔 솜털이 가득한 볼을 쓰다듬고, 입술에 뽀뽀해주었다.
 '엄마가 미안해.'
 훌쩍이며 아들에게 사죄하고 있었다. 내 마음을 아는지 모르는지 아들은 몇 번 뒤척이더니, 다시 잠이 들었다.

 한 달 게르 생활을 마치고 울란바토르에서 묵었던 최악의 그 게스트하우스로 다시 돌아왔다. 한국에서 예약했던 터라

변경할 수도 없었다. 익숙하게 체크인을 하고 방으로 들어왔다. 스위치를 켰다. 어두운 방이 마법처럼 환해졌다. 한 달 동안 전기 없이 살았던 우리에게는 마법과 같았다. 재빨리 욕실로 들어가 수도꼭지를 틀었다. 나이아가라 폭포 부럽지 않게 콸콸 쏟아졌다. 뽀드득 소리가 날 때까지 세수했다. 세상 부러울 게 없었다.

 마음만 먹으면 샤워도 할 수 있고, 밤에 책도 읽을 수 있다니……. '최악의' 숙소가 지금은 '최고의' 숙소가 됐다. 그 숙소는 변한 게 없는데 말이다. 숙소뿐만이 아니었다. 아들은 이제는 부족한 아이가 아니었다. 누구보다 귀하고 사랑스러운 아이였다. 아들은 하나도 변한 게 없는데 말이다.

산책하길 참 잘했다

일요일 가을 아침, 베란다 문을 열었다. 따스한 햇볕과 함께 청량한 가을바람이 훅 들어왔다. 새소리도 간혹 들렸다. 생각지도 못한 깜짝 선물이었다. 눈을 감고 살짝 차가운 가을 공기를 깊숙이 마셨다. 심장이 두근거렸다.

'가을이구나.'

파랗다고 표현하기에는 턱없이 부족한 비현실적인 하늘색, 똑같은 색깔은 찾아볼 수 없게 곱게 물든 단풍잎까지……. 이렇게까지 가을이 고울 수 있을까 싶다. 정신없이 사느라 가을이 온 지도 몰랐다.

'나 없는 사이에 이렇게 빨리…….'

그간 가을 모습을 놓쳐 버린 것이 아까워 눈물이 날 것 같았다. 억울했다. 마음이 급해졌다. 한시라도 빨리 산책하러 가야겠다. 지금 가을 풍경은 '찰나'다. 지금 아니면 안 된다. 오늘 산책을 하지 않으면 두고두고 후회할 것 같았다.

이런 날은 나가서 멍이라도 때려야 한다. 아파트 앞에 있는 동네 산을 걸어도 좋겠고, 은행나무 잎이 몽땅 쏟아진 노란 길을 무작정 걸어도 좋겠다. 혼자 가도 좋지만, 나만 좋은 풍경을 보기에는 아까워 같이 갈 대상을 찾았다. 딸은 친구 생일파티에 갔고, 남편은 피곤하다며 침대와 한 몸이 되어 누워 있었다. 마침 소파에서 뒹굴뒹굴하고 있는 아들이 보였다. 만만해 보였다. 아들에게 산책 데이트 신청을 했다.

"하늘이 예뻐서 안 되겠어. 엄마랑 산책하러 나가자!"

바로 좋단다. 아들은 나와 둘도 없는 산책 벗이다. 나도 아들도 산책을 좋아해서 종종 함께한다. 아들은 익숙한 듯 배낭에 물병 하나, 집에 굴러다니는 귤 몇 개 집어넣었다. 우리는 후다닥 채비를 마치고 밖으로 나왔다. 따사로운 가을 햇살이 기분 좋게 얼굴에 닿았다. 절로 미소가 번졌다. 왜 좀 더 일찍 나오지 못했을까 하는 아쉬움이 들려고 했다. 아들과 손을 잡고 마른 낙엽이 풍성하게 깔린 길을 걸었다.

늘 그랬듯 산책 대장님은 아들이다.

"대장님! 오늘은 어디로 갈까요?"

"날씨가 쌀쌀해졌으니깐 오늘은 팥죽 먹으러 가요!"

아들은 팥죽을 참 좋아한다. 특히 하얀 새알심을 넣은 동지팥죽을 좋아한다. 설탕을 무지막지하게 넣어서 먹는 것만 빼면 나와 식성도 비슷하다.

아들이 좋아하는 팥죽 식당은 걸어서 사십 분 정도 걸린다. 한참을 걷다가 산책길에 외나무다리가 보였다. 호기심에 위에 올라가서 두 팔을 옆으로 하고 한 걸음 한 걸음 내디뎠다. 떨어질까 무서웠다. 아들이 일러준 대로 발을 교차로 비스듬히 하면서 걸어보려고 했으나, 비틀거리며 결국 떨어졌다. 떨어지면 다시 올라가고, 걷다가 또 떨어지고를 반복했다. 옆에서 보다 못한 아들이 손을 내밀며 말했다.

"엄마! 제 손 잡으세요."

고사리 같은 아들 손을 잡고 다시 외나무다리 위로 올라섰다. 아까보다는 한결 안정적이고 수월했다. 이제는 무섭지 않았다. 마음이 편안했다. 자신감도 생겼으니 아들 손을 잡고 제법 속도를 내서 걸었다. 이번에는 눈을 감아보았다. 앞이 보이지 않아도 옆에서 손잡아주는 아들 덕분에 두렵지 않았다.

 아들 손 하나 믿고 걷고 있는 나에게 아들이 빙그레 웃으면서 말했다.
 "엄마! 옆에 손잡아주는 사람 한 명만 있어도 훨씬 낫죠?"
 순간 뭉클했다. 그 말이 이렇게 들렸다.
 '엄마! 힘들 때 의지할 한 명만 있어도 힘이 되죠?'
 '그래. 곁에 아무도 없는 건 외나무다리를 위태롭게 혼자 걷는 기분일 거야.'

 배에서 꼬르륵 소리가 들릴 때쯤 팥죽집에 도착했다. 늘 먹던 팥죽으로 시켰다. 아들은 김이 모락모락 나는 팥죽을 보자마자, 팥 국물을 떠서 맛을 보았다. 나도 따라서 맛을 보았다. 국물이 진하고 살짝 짭조름했다. 담백하니 그냥 먹어도 좋으련만 아들은 내 눈치를 보며, 설탕 한 숟가락을 넣고, 히죽히죽 웃으면서, 또 한 숟가락을 재빨리 넣고 저었다. 그리고 눈치 보면서 마저 다 넣는다. 눈을 흘기며 잔소리를 하려다가, 후후 불어 눈을 찡긋거리며 복스럽게 먹는 모습이 어찌나 사랑스럽던지 웃음이 절로 나왔다.

수도 없이 흔들렸던 지난날, 세상이 외나무다리를 건너는 것처럼 위태위태했던 날들이 있었다. 금방이라도 주저앉을 것 같았다. 그럴 때마다 곁에서 늘 손잡아주는 가족이 있었다. 괜찮다고. 충분히 잘하고 있다고. 비틀거렸지만 '언젠가는 잘 되겠지'라는 막연한 생각이 들었다. 어떤 상황에서도 내 편이 있는 것은 생각보다 근거 없는 자신감을 주었다.

무엇과도 바꿀 수 없는 가을날 산책이었다. 오늘 산책하길 참 잘했다.

무탈한 하루

"어머니! 지금 오셔야 할 것 같아요."

평소처럼 저녁 준비를 하고 있었다. 그때 딸 학원에서 연락이 왔다. 수업 받을 시간에 전화가 올 일이 없는데……. 불안했다. 딸이 학원 앞 보도블록을 올라가다가 빗물에 미끄러져 고관절을 다쳤다고 했다. 움직이지 못한다고 바로 병원 진료를 받아봐야 할 것 같다고 했다. 가슴이 덜컥 내려앉았다. 다행히 그날 남편은 비 온다며 운동을 나가지 않고 집에 있었다. 바로 남편과 함께 학원으로 향했다. 도착해보니 딸은 움직이지 못하고 바닥에 앉아 있었다. 남편은 딸을 등에 둘러업고 차에 태웠다. 병원으로 가는데 별의별 생각이 다 들었다.

'고관절에 문제가 생겨 평생 후유증이라도 생기면 어떡하나?'

하필 비 오는 퇴근 시간이었다. 평소 지나치게 타인을 배려하는 운전 매너를 지닌 남편인데, 그날은 차선을 이리저리 바꿔가며 간신히 병원에 도착했다. 병원 접수는 이미 마감이었다. 혹시 몰라 급한 사정을 이야기하니 다행히 진료를 받아주었다. 엑스레이를 찍어보니 다행히 뼈가 부러지진 않았다고 했다. 하지만 성장판을 다쳤을 수도 있어 입원 후 MRI 촬영을 해보자고 했다.

"빗길인 걸 알았더라면 좀 조심해서 걷지?"라는 말이 목구멍까지 나왔지만 참았다. 이미 일어난 일에 '만약에'라는 말이 얼마나 무기력한 말인지 알기 때문이다. 마침 이런 내 마음을 딸이 눈치라도 챈 것처럼 입을 열었다.
"죄송해요. 제가 조금만 조심했어도……."
환자복을 입고 누워있는 딸이 훌쩍였다. 자기 아픈 것만 생각할 나이에 엄마 속상했을까 봐 자책하는 딸에게 미안해졌다. 부모로서 지나치게 속 깊은 자식은 때때로 속상하다. 놀랬을 딸을 꼭 안아주었다. 그리고 수없이 감사해야 할 일들을 하나하나 읊어주었다.
"다쳤을 때 바로 와준 가족이 있고, 접수가 끝났는데 진료를 받을 수 있었고, 한쪽 다리는 무사했고, 다친 다리도 뼈가 부러지지 않았고, 무엇보다 지금 살아 있잖아. 다 감사한 거야. 미안해하지 마!"

말이 주는 힘은 실로 대단했다. 그렇게 말하면서 속상했던 내 마음도, 자책했던 딸 마음도 아까보다는 훨씬 진정되는 듯했다. 사실 그러고 보니 오늘 하루는 감사할 일 천지였다. 남편이 그 시간에는 운동하러 나가는 시간이었는데, 그날은 비 온다며 집에 있는 날이었다. 혼자 있었다면 딸을 업고 태워서, 빠르게 운전해서 도착하기는 힘들었을 것이다. 보통 병원 접수가 끝나면 진료가 불가한데, 접수하는 분이 원장님에게 특별히 부탁했기 때문에 검사를 받을 수 있었다. 다행히 한쪽 다리만 다쳤고, 다친 다리는 뼈가 무사했다. 그리고 딸은 지금 살아서 내 품에서 울고 있었다.

다음 날 MRI 결과가 나왔다. 대퇴골에 충격이 가해지면서 뼈에 멍이 들어 당분간 목발로 다녀야 한다고 했다. 다행히 걱정했던 성장판은 괜찮았다. 일주일 후면 목발 없이 일상생활이 가능하다고 했다. 퇴원 후 학교 선생님에게 체육 활동시 배려해 달라고 말했다. 처음으로 사용해본 목발이 딸은 익숙하지 않아 여간 불편해했다. 마음 같아서는 학교까지 태워주고 싶었지만, 출근 시간이 맞지 않아 여의치 않았다. 퇴근 후 딸에게 걱정스러운 눈빛으로 물어보았다.

"오늘 힘들지 않았어?"

걱정했던 것과는 달리, 딸은 신이 나서 그날 하루를 미주알고주알 쏟아냈다.

"오늘 감사한 일들이 정말 많았어요!"

딸 사정을 듣고, 친구들은 부축해주겠다며 아침부터 아파트 정문에서 기다리고 있었다고 했다. 점심시간에는 담임 선생님이 직접 급식을 타서 교무실에서 먹게끔 배려를 해줬다고 한다. 평소 장난기 가득한 남학생들도 도와주겠다며 무거운 짐을 서로 들겠다며 싸웠다 한다. 한창 얘기 중인데 전화가 왔다.

"우리 강아지! 괜찮아? 할미가 학교 데려다줄까?"

손녀딸 소식을 뒤늦게 들은 할머니가 걱정돼서 전화했다. 괜찮다며 안심을 시킨 후 전화를 끊자마자 이모에게 전화가 온다.

"움직이기 힘드니까 이모가 내일 네 집에 갈게! 집에서 혼자 얼마나 불편하겠어?"

하교 후 혼자 누워있을 조카가 걱정된다며 굳이 오겠다고 했다. 괜찮다며 전화를 끊자마자 외할머니에게 전화가 온다.

"시상에. 우리 강아지 얼매나 놀랬을까? 뭐 먹고 싶은 거 없어?"

다소 정신없었던 세 통의 전화를 끊었다. 딸 얼굴에 미소가 떠나지 않았다.

"저는 진짜 사랑받는 존재예요."

이번 일로 자기가 얼마나 사랑받는 사람이고, 또 얼마나 감사한 일이 많은지 깨달았다고 했다.

볕이 적당히 좋은 일요일, 딸이 다리가 불편하니 멀리 가지 못하고 동네 공원으로 가족 나들이를 갔다. 적당히 햇빛이 잘 드는 곳에 돗자리를 깔고, 딸이 좋아하는 달걀과 마요네즈가 듬뿍 들어간 샌드위치를 함께 둘러앉아 먹었다. 이어폰으로 요즘 즐겨듣는 팝송을 들으며 책을 읽었다. 그리고 하늘이 딸의 얼굴에 붉게 물들 때까지 이야기하며 일요일을 보냈다.

참 무탈한 하루다.

손해 보는 인생

이남 이녀 중 셋째로 태어났다.
'치열한 출생 순서 때문이었을까?'
유독 욕심이 많았다. 셋째로 살며 몸으로 체득한 것이 있다.
'먹을 때 넋 놓고 있으면 절대 안 된다.'
하루는 언니 오빠 그리고 남동생과 방에서 놀고 있는데 엄마가 간식으로 찐 고구마 '다섯 개'를 주셨다. 다·섯·개. 여기서부터 비극은 시작됐다. 인원은 '네 명'인데 고구마는 '다섯 개'였다. 조용한 침묵 속에 서로 눈에 보이지 않는 치열한 경쟁이 시작됐다. 이른바 '남매의 난'이었다. 다들 입으로는 고구마를 먹고 있는데, 눈은 남아 있는 저 한 개의 고구마만 째려보고 있었다. 나 또한 저 고구마를 기필코 먹겠다는 결연한 의지로 허겁지겁 먹기 시작했다. 긴박한 상황이었다. 먹으면서도 온통 머릿속은 이 생각뿐이었다.

'넋 놓고 있으면 저 고구마는 누군가의 입에 흔적도 없이 사라질 것이다.'

다급해지기 시작했다. 고구마 맛을 느낄 새도 없었다.

보아 뱀이 코끼리를 삼키듯이 고구마를 제대로 씹지도 않고 꿀꺽 삼켰다. 손은 눈보다 빨랐다. 남아 있는 고구마 한 개를 집어 바로 입에 쑤셔 넣었다. 모두가 눈독 들이던 고구마를 겁도 없이 셋째인 내가 먹었다. 나의 얌체 같은 행동은 모두의 공분을 샀다. 누구보다 서열 따위를 중요시하는 큰 오빠는 내 행동에 분개했다.

인생은 늘 그렇듯 생각대로 되지 않았다. 하필 밤 고구마였다. 급하게 먹느라 씹지도 않고 삼키다시피 했다. 숨이 안 쉬어질 정도로 목이 꽉 막혔다. 손을 허공에 저으며, 간신히 목구멍으로 비집고 새어 나오는 힘겨운 소리로 오빠에게 애원했다.

"물! 물! 무우울."

이 긴급한 상황에 오빠는 분노에 찬 눈빛으로 말했다.

"넌 죽어야 해! 절대 물 안 줄 거야!"

인생은 결국 혼자라는 사실을 그때 절감했다. 이 긴급한 상황에 누구 하나 물을 갖다 준 혈육은 없었다. 고구마 한 개를 더 먹은 죄로 나는 죽어도 마땅한 공공의 적이 되어 있었다.
'이렇게 처참하게 생을 마감하는구나.'
눈에 눈물이 맺혔다.

다행히 사람이 쉽게 죽지는 않았다. 마침 물을 주려고 온 어머니한테 발각되어 오빠는 눈물이 쏙 빠지게 혼이 났다. 물을 벌컥벌컥 들이켰다. 십 년 묵은 고구마가 내려갔다. 물을 한 컵 더 마시며 생각했다.
'넋 놓고 있으면 손해 보는 것이 인생이야.'
죽다 살아났지만, 이 생각에는 변함이 없었다. 아니 오히려 더 확고해졌다. 늘 남보다 손해 보지 않으려고 악착같이 살았다.

친한 친구 중 별명이 '할망구'인 친구가 있다. 말하는 스타일도 생각하는 것도 나이 지긋한 할머니 같고, 외모도 소름 끼치게 동안은 아니기 때문이다. 부를 때 듣는 사람 기분도 존중해야 하니 '할' 자를 빼고 귀엽게 '망구'라고 불러준다. 자칫 잘못 들으면 '망고'라고 들려 상큼한 이미지가 연상되니 여러모로 매력적인 별명이다. 적어도 나에게는. 찰떡같은 별명이라 실제 이름은 '지영'인데 이름을 부르면 오히려 낯설다. 아무튼, 우리는 정반대의 성격이다. 그 친구는 '손해' 보는 것이 일상이다. 나는 식당에서 밑반찬이 떨어지면 이것도 다 포함된 가격이라 생각하고 더 달라고 말하지만, 이 친구는 먹고 싶어도 미안하다며 말하지 못한다. 심지어 주문할 때 주방에서 일하는 사람 불편하다고 되도록 같은 메뉴로 시키자고 종용한다. 늘 그런 친구가 불만이었다. 자기 권리를 제대로 챙기지 못한 친구는 손해 보는 인생이라고 생각했다.

나와 맞는 거라고는 나이 하나밖에 없는 그 친구와 이십 대 때 배낭여행을 떠났다. 호주와 뉴질랜드에서 사십 일 동안 보낼 예정이었다. 나는 해외 배낭여행이 처음이라 여행 책을 봐가며 촘촘히 동선을 짰다. 안 보면 '손해'니까. 여기까지 왔는데 하나라도 더 보고 다니자는 주의였다. 하지만 그 친구는 늘 현지에 도착하면 봐도 그만 안 봐도 그만이었다. '욕심'이 없었다. 하루는 햄버거 가게에 들렀는데 모든 직원이 분주해 보였다. 주문을 빨리하고 싶은 생각에 "Excuse me."를 크게 외쳤다. 못 들은 것 같아 더 크게 말했다. 그때 친구는 따끔하게 말했다.

"저 사람이 지금 일하고 있잖아. 우선 기다려야지."

늘 그 친구는 '상대'를 먼저 생각하고, 나는 '나'를 먼저 생각했다. 여행 스타일이 맞지 않아 싸우고 삐치고를 반복했다.

하루는 호주에서 뉴질랜드로 넘어가는 날이었다. 비행기를 타고 늦은 밤 한국에서 예약한 게스트하우스에 도착했다. 브로커를 통해 예약하면 할인된 가격으로 할 수 있어 한국에서 예약했다. 공항에 도착해서 택시 타고 숙소에 도착하니 밤 열한 시가 다 되어갔다. 극도의 피곤이 밀려오고 빨리 눕고 싶은 생각밖에 없었다. 그날은 잠을 푹 자야 할 것 같아 거금을 주고 이인실로 예약을 했다. 체크인하는데 직원 얼굴이 심상치 않았다. 알고 보니 우리 예약은 내년 일월에 되어 있었다. 브로커 실수로 올해 일월이 아닌 내년 일월로 예약되어 있던 것이다. 설상가상으로 이인실은커녕 그날 잘 방도 없었다. 손해 보지 않기 위해 계획했던 여행은 엉망진창이 되었다.

직원은 난감한 표정을 짓더니 오늘 밤은 로비 소파에 앉아 쉬던지, 아니면 팔인실 바닥이 넓으니 거기서 잠깐 눈을 붙이라고 했다.

'어떻게 이런 경우가 있어?'

나는 받아들일 수 없었다. 뒷목 잡고 쓰러져도 이상하지 않을 상황에 친구는 바로 수긍하고 짐을 옮겼다. 당장 그 브로커에게 컴플레인을 하고 싶었지만, 한국 시간으로 새벽이었기 때문에 전화도 할 수가 없었다. 결국 남들이 다 자는 컴컴한 팔인실에 들어갔다. 씻지도 못하고 옷 입은 상태로 찬 바닥에 몸을 눕혔다. 혹여 사람들이 깰까 봐 쥐 죽은 듯 누워있어야 했다. 분했다. 씩씩거리며 밤을 새웠다.

날이 밝자, 바로 그 브로커에게 전화했다. 결론은 오늘부터 이인실로 해줄 것이며, 어제 비용은 환불 처리될 거라며 사무적으로 답했다. 부족했다. 밤늦게 도착해서 로비에서 한 시간이 넘도록 체크인을 못 하고, 브로커와는 연락이 안 돼 발을 동동 구르며 걱정했던 상황, 팔인실 차가운 바닥에 누워 뜬눈으로 밤을 새운 것에 대해 보상을 해달라고 했다. 여행사 측은 어쩔 수 없다며 마무리를 지으려 했다. 그때 옆에서 그 친구가 말했다.

"그만하자! 내일부터 이인실에서 잘 수 있잖아. 그분도 실수한 거지."

친구의 말은 들리지도 않았다. 결국 회사 대표 연락처를 알려달라고 했다. 대표에게 전화를 걸어 상황을 차근차근 말했다. 내 사정을 들어보더니, 백 달러씩 총 이백 달러를 환불해 주겠다고 했다. 그 친구는 조용히 한마디 했다.

"난 그냥 그 돈 안 받아도 되는데……." 이제는 말싸움할 힘도 없었다.

전쟁에서 치열하게 싸우고 난 뒤 심한 허기가 느껴졌다. 그러고 보니 어제저녁부터 점심때까지 한 끼도 먹지를 못했다. 식당으로 가는 길, 건널목에서 신호등을 기다리고 있었다. 멍하니 빨간불을 보고 있는데, 친구는 내 어깨를 툭툭 건드렸다. 맞은편 가게에 붙어 있는 광고 문구를 나에게 보라며 가리켰다.

'Life is unpredictable.' 삶은 예측불허다.

"살다 보면 이런 일도 있고 저런 일도 있는 거여. 어떻게 다 우리 뜻대로 되겠어. 기분 풀어라."

'누가 할망구 아니랄까 봐…….'

생각해보면 다 맞는 말이었다. 손해만 보고 사는 내 친구가 어쩌면 나보다 훨씬 큰 사람이었다. 예측 불가능한 여행을 즐겨야지 내 뜻대로 되지 않는다고 성질만 부리고 있었다. 그날 '손해' 보는 여행은 내 인생에서 가장 '남는' 여행이 되었다.

하루는 뉴질랜드 남섬에 있는 '착한 양치기 교회'를 보기 위해 테카포 호수로 갔다. 멍만 때려도 좋을 한없이 평온한 호수였다. 호수를 바라보며 이런저런 수다를 떨었다. 시간이 된 것 같아 자리를 정리하며 말했다.

"이제 착한 양치기 교회 보러 가자."

"교회가 다 거기서 거기지 뭐 특별한 것 있겠냐? 그냥 숙소나 들어가자."

웃음이 나왔다. 신기하게 예전처럼 화가 나거나, 여기까지 왔는데 꼭 봐야 한다며 강요하고 싶지 않았다. 결국 교회 구경은 포기하고, 맥주 한 캔씩 사서 숙소로 돌아왔다. 시간이 지날수록 그 친구 방식이 싫지 않았다.

나이를 더해갈수록 확실히 느낀다. 손해 보며 사는 인생도 그다지 나쁘지 않다는 것을……. 아니 오히려 당장은 손해였다고 생각됐던 일이 나중에는 이익으로 돌아올 때도 많았다. 어렸을 적 고구마를 삼키며 절대 손해 보지 않을 거라며 다짐했던 꼬마 아가씨를 꼭 안아주고 싶다. 그리고 속삭여주고 싶다.

'예쁜 꼬마 아가씨! 가끔 손해 보는 것도 나쁘지 않아요.'

마지막 손님

　우리 모두 크고 작은 사연들을 껴안고 살고 있다. 감히 누군가를 섣불리 판단하기에는 늘 조심스럽다. 나이가 들수록 더욱더 그러하다.

　제주도에서 일 년을 살고 광주로 돌아왔을 때, 한동안 열병을 앓았다. 제주가 그리웠다. 생각이 많아지고 종일 걷고 싶을 때, 혼자 제주도로 여행을 갔다. 생각이 복잡할 때, 걷는 것만큼 좋은 처방은 없다. 적어도 나한테만큼은. 그날도 밤늦게 제주에 도착해서 잠만 자고 바로 올레 일 코스로 향했다. 오는 길에 편의점이라도 있으면 삼각 김밥이라도 사야지 했는데 결국 찾지 못했다. 어쩔 수 없었다. 올레길 가는 도중에 있을 수 있으니 우선 걸어보기로 했다.

마침 초입에 올레 여행자센터가 있었다.

"혹시 여기 근처에 편의점이나 식당 있을까요?"

직원은 바쁘지도 않아 보이는데 나를 본체만체하면서 답했다.

"여기 근처에는 아무것도 없어요. 종달리에 도착해야 있어요."

가만 보니 인상도 차가워 보였다.

"가는 길에 있을 줄 알고 아무것도 준비를 못 했는데……."

난감했다. 아침도 굶은 터라 종달리까지는 힘들 것 같았다. 그때 직원은 주섬주섬 자기 가방에서 무언가를 꺼냈다.

"제 간식인데 종달리 도착할 때까지 이거라도 드세요."

배를 깎아 쪼개서 넣어 가지고 온 간식을 나에게 선뜻 건넸다. 한사코 사양했다.

"괜찮아요. 근무하시면서 드시려고 가지고 온 거잖아요."

"죄송하시면 나중에 도움이 필요한 누군가에게 베풀면 되지요."

결국은 염치없이 그 간식을 받아들고 올레 코스를 걸었다. 잠깐 차가워 보인다고 생각했던 것이 부끄러웠다.

완연한 가을볕을 벗 삼아 등에 땀이 촉촉이 밸 때까지 걸었다. 말미 오름에 도착해서 그분이 준 배를 꺼냈다. 한 조각을 베어 물었다. 입안 가득 시원하고 달콤한 배향이 퍼졌다. 얼마나 큰지 두 조각만 먹어도 배가 불렀다. 덕분에 그날 종달리까지 힘을 내서 걸을 수 있었다. 종달리에서 밥을 먹고, 흙내음 폴폴 나는 숲길, 짠내 가득한 해안가까지 걷고 또 걸었다. 하늘이 붉은색 옷으로 갈아입을 때쯤, 다리가 뻐근해지고 배낭이 무겁게 느껴졌다. 해안가 벤치에 앉아 근처 게스트하우스를 알아봤다. 보통 올레길을 걸을 때는 가격 저렴하고 다양한 사람도 만날 수 있는 게스트하우스에서 잔다. 후기를 읽어보고 조용하면서 정감 있어 보이는 게스트하우스를 택한다. 조용해서 푹 쉴 수 있고, 또 마음 맞는 사람을 만나면 이야기도 할 수 있으니 일거양득이다.

예약하지 않은 탓에 다행히 인기 많고 시설 좋은 게스트하우스는 묵을 수 없었다. 솔직히 그런 게스트하우스는 마음이 잘 가지 않는다. 오래된 것이 좋다. 수많은 여행객의 추억이 깃든 빛바랜 곳에 가면 마음이 편안해진다. 그날도 역시 사람들이 잘 찾지 않는 게스트하우스를 '골라서' 갔다. 도착하니 어깨까지 긴 백발을 질끈 동여맨 오십 대 중반쯤 되어 보이는 남자분이 안내해 주었다. 사장님인 듯했다. 마치 프랑스 몽마르트르 언덕에서 초상화를 그리고 있을 것 같은 외모였다. 게스트하우스 규칙을 듣고 방에 들어와 짐을 풀고 더운물로 샤워를 했다. 덕분에 노곤을 풀었다.

출출해서 라면 하나 끓여 먹을까 고민하고 있는데, 젊은 남자 두 명이 부엌으로 들어왔다. 한 명은 날라리처럼 생겼고, 다른 한 명은 더 날라리처럼 생겼다. 더 날라리처럼 생긴 남자는 나에게 다가와 말했다.
"저희 삼겹살 구워서 먹을 건데 같이 드실래요?"
잠시 고민했다.
'이상한 사람들하고 겸상했다가 여행 분위기만 망치는 거 아니야?'
거절하기에는 심하게 배가 고팠다. 무엇보다 기름진 삼겹살이 미치도록 먹고 싶었다. 같이 먹자고 했다. 각자 돈을 내고 근처에서 장을 보고 순식간에 삼겹살 파티가 이루어졌다. 마침 근처에 사는 사장님 친구도 함께했다. 제주에 살면 다 저렇게 외모가 선해질 수 있나 싶을 정도로 착한 인상이었다. 게스트하우스 사장님은 익숙한 듯 불판을 꺼내고, 기본 찬을 차렸다. 그날, 사람들이 오지 않는 오래된 게스트하우스에서만 묵는 이상한 아줌마, 날라리처럼 생긴 남자 J, 더 날라리처럼 생긴 남자 K, 몽마르트르 화가 사장님, 그리고 호구 인상 아저씨까지 다섯 명이 한데 모여 삼겹살 파티를 열었다.

 삼겹살이 육즙이 흘러나오고 익어가는 동안 그 날라리 형제는 먼저 자기 소개했다.
 "저희는 외제 차 동호회 모임에서 만났어요. 파티하는 게스트하우스를 갔는데 여자가 두 명밖에 없더라고요."
 '음……. 역시 관상은 과학이야.'
 내 예측은 적중했다. 한쪽 면이 다 익은 삼겹살을 뒤집으면서 말했다.
 "그럼 숫자도 맞는데 더 좋았겠는데요?"
 "문제는 그 여자들보다 저희가 더 예뻤어요. 그래서 바로 짐 싸서 여기로 온 거예요. 헤헤."
 하필 짐 싸서 옮긴 곳이 아줌마만 있는 게스트하우스여서 살짝 미안했다. 동시에 생글거리며 처음 만난 사람에게 자기 속을 다 얘기해주는 모습이 밉지 않았다.

 둘 다 태어나서 제주도 여행은 처음이라고 했다. 날라리 인상인 J는 주말도 없이 일만 하다가 과도한 스트레스로 뇌에 희소병까지 생겼다고 했다. 하루는 카페에 앉아 피곤함에 지쳐 핸드폰을 보는데, 꿈에서나 볼 수 있는 예쁜 바다 사진을 보게 됐다.

"찾아봤더니 제주도 바다였어요. 무작정 회사 땡땡이치고 왔어요."

출장으로 쌓은 비행기 마일리지는 많은데 본인 여행으로 비행기 탄 건 처음이라고 했다. 그날 예정되어 있었던 회사 미팅은 난리가 났다고 한다.

"그래서 그 바다는 보셨어요?"

질문이 떨어지기가 무섭게 바다 사진을 어린아이처럼 호들갑을 떨며 보여주었다. 흔하디흔한 제주 바다 색깔이었다.

"돌아가서 경위서 쓰면 돼요. 헤헤."

그는 상추에 노릇노릇 잘 익은 삼겹살 한 점을 얹어 입 안 가득 넣고 넉살 좋게 웃었다. 삼겹살이 맛있어서인지, 여행 온 게 좋아서인지 내내 미소가 떠나질 않았다.

J는 호주에 이민 가서 대학교까지 다닌 친구였다. 고등학교 때, 친구들은 대부분 좋은 차 타는데 자기만 고물차를 타고

다녔다고 했다. 아버지에게 말했지만, 타고 싶으면 직접 벌어서 사면 된다는 답만 돌아왔다고 한다. 유독 차에 대한 애정이 남달라 무슨 일이 있어도 자기가 원하는 차를 사고 싶었다고 한다. 맥도널드 시간제부터 안 해본 일이 없이 십년 넘게 일을 해서 지금 이 외제 차를 샀다고 했다. 들어도 모르고, 봐도 모르는 나에게 자기 차 사진을 보여주면서 침 튀겨가며 한참을 자랑했다. 한정판인데 이 차 있는 사람은 동네에서 자기뿐이라며 허세가 하늘을 찔렀다. 희한하다. 그의 허풍이 내 눈에는 한없이 귀여웠다.

바싹하게 구워진 삼겹살 옆으로 새로운 삼겹살을 얹으며, 옆에 더 날라리 인상인 K에게 물었다. 왜 외제 차가 좋은지. 안전하고 디자인이 멋지고 뭐 그런 대답을 예상했다.

"보험 설계사 어머니 차가 티코였어요. 지금 충분히 좋은 차를 탈 수 있는데 지금도 그 차를 애지중지하거든요. 평생 벗처럼."

그는 어머니처럼 벗처럼 교감하는 차를 만나는 게 오래된 소망이었다고 했다. 의외의 답변이었다. 하루는 우연히 친구 따라 외제 차를 구경하러 갔는데 시동 소리를 듣고 귀에서 종소리가 들렸다고 했다.

'그토록 찾고 싶었던 평생 벗과 같은 차'

그날 뭐에 홀린 듯이 계약서에 서명했다고 했다. 월급 대부분이 차 할부로 나가고, 유지비도 만만치 않아서 아무래도 그 종소리를 잘못 들은 것 같다며 머리를 긁적였다. 인간적인 고백에 나도 모르게 웃음이 나왔다.

자리를 함께했던 선한 웃음의 이웃집 아저씨도 적당히 분위기가 무르익자, 자기 이야기를 하기 시작했다.

"서울에서 조폭 생활을 오랫동안 해왔어요."

문득 이렇게 살면 후회할 것 같아 죽을 각오로 빠져나왔다고 했다.

"며칠간 중환자실에서 혼수상태로 있었어요. 평범하게 사는 지금이 너무 감사해요."

지나치게 착해 보여 '호구' 인상이라고 생각했던 아저씨가 조폭이었다니…….

우리 모두 처음 만난 사람에게 이렇게 솔직해도 되나 싶을 정도로 많은 이야기를 나누었다. 각자의 이야기로 한껏 분위기가 고조되자 말했다.

"이 게스트하우스 잘 온 것 같아요. 좋은 분들하고 이야기도 나누고……. 다음에 또 오고 싶어요."

몽마르트르 화가 사장님은 다 익은 삼겹살을 손님들에게 하나씩 건네주며 조심스럽게 말했다.

"사실…… 여러분이 마지막 손님이에요."

그저 사람이 좋아서 게스트하우스를 시작했는데, 우후죽순으로 생겨나는 신생 게스트하우스 틈에서 적자가 계속됐고, 며칠 후면 서울로 올라간다고 했다.

차가워 보이는 직원이 선뜻 자기 간식을 내어주고, 날라리라고 생각했던 청년들은 한없이 순수하고, 지나치게 착해 보였던 이웃집 아저씨는 한때 조폭이었고……. 사람을 쉽게 예단한 내가 한없이 부끄러웠다.

'살면서 우리가 단언할 수 있는 것들이 과연 얼마나 될까?'

늦은 밤까지 우리는 이런저런 사는 이야기로 그 게스트하우스 마지막 밤을 채워나갔다.

천국이 있다면

가을 하늘이 유독 빛나는 일요일, 초등학생 사학년인 아들 일기장을 우연히 봤다.

제목: 천국이 있다면

만약 천국이 있다면, 꼭 그곳은 멋져야 한다고 생각하지 않는다. 어렸을 때는 막연히 천국은 멋진 곳이라고 생각했다. 하지만 지금 내가 사는 이곳이 너무 즐겁고 행복하다. 천국도 지금 여기의 삶과 크게 다르지 않을 것 같다. 난 지금이 최고다!

책을 읽다가 감동적인 문구를 만나면, 책을 가슴에 얹고 눈을 지그시 감는다. 그 감동의 여운을 최대한 길게 그리고 최대한 격을 갖춰 조심스럽게 느끼기 위함이다. 그날 아들의 일

기장을 한동안 가슴에 얹고 눈을 감았다. '천국도 지금 여기의 삶과 크게 다르지 않을 것 같다'라는 문구가 가슴으로 천천히 번지는 듯했다. 늘 말로는 '지금, 이 순간'이 소중하다지만 이미 지나간 과거를 붙잡고 후회하고, 또 일어나지도 않은 미래를 불필요하게 걱정하면서 흘려보내는 시간이 얼마나 많은가. 지금의 내 삶이 '천국'과 별반 다르지 않다는 사실을 망각한 채…….

몇 년 전 캄보디아 가족여행이 생각난다. 그날은 고대하던 앙코르와트를 둘러보는 일정이었다. 약 천 년 전에 만들어진 도시와 사원의 규모에 압도되어 시간 가는 줄 몰랐다. 가이드의 설명을 들으며 반나절을 보냈다. 일층 회랑을 마치고 다음 코스는 이층, 삼층으로 된 중앙신전이었다. 삼층 중앙신전을 가려면 '천상의 계단'을 올라가야 했다. 폭도 좁고 절벽이라고 할 만큼 경사가 심한 계단이었다. 왕도 신을 만나러 갈 때는 몸을 낮춰 기어서 올라가니, 백성들도 신과 자신에게 충성하라는 뜻이 담겨 있다고 했다. 아래에서 잠깐 보기만 해도 아찔할 정도로 경사가 심했다.

내 마음을 이미 눈치 챈 남편은 말했다.

"내가 아이들 보고 있을 테니까 마음 쓰지 말고 보고와."

잠깐 미안했지만, 저 높은 천상의 세계를 볼 수 있다는 생각에 결국 혼자 줄을 섰다. 정수리가 타들어 가는 통증을 느껴가며 그늘 하나 없는 곳에서 한 시간 가까이 기다렸다. '신'을 만나러 가는 것이니 최대한 몸을 납작 엎드려 극도의 공포도 참아가며 올라갔다. 천상의 세계가 뭐라고, 신의 세계가 뭐라고. 여하튼 네발로 기어서 온몸을 부들부들 떨며 올라갔다. 남편과 아이들은 철없는 엄마 때문에 아래에서 한 시간 넘게 기다리고 있었다.

높이 갈수록 정신이 아득해졌다. 어지러움을 견디며 드디어 '천상의 세계'에 도착했다. 중앙신전을 중심으로 동서남북, 네 군데 한 개씩 왕의 목욕탕이 있었다. 왕이 비슈누 신을 만나기 전 목욕을 했던 곳으로 추측된다고 했다. 연꽃의 봉오리를 본뜬 탑과 섬세한 부조가 눈에 띄었다. 혼자서 이리저리 둘러보는데 '천상'이 생각만큼 기쁘지 않았다. 내 머릿속은 온통 아래에서 더위를 견디며 나를 기다리고 있을 남편과 애들 생각뿐이었다. 아무리 좋은 천상의 세계도 가족이 없는 천상은 나에게 의미가 없었다. 결국 그렇게 힘들게 올라온 곳에서 언제쯤 내려갈 수 있나 시간만 보고 있었다.

드디어 내려갈 시간이 됐다. 부들부들 떨면서 다시 그 가파른 계단을 내려가고 있는데 익숙한 목소리가 들렸다.
"와! 엄마다!"
딸 아들 그리고 남편이 나를 보자마자 웃으며 격하게 손을 흔들고 있었다. 아들은 드디어 엄마가 보인다며 방방 뛰며 "여기야! 여기!" 소리치며 손을 더 강하게 흔들었다. 안 본 지 얼마나 됐다고 코끝이 시큰해지고 눈물이 핑 돌았다. 간신히 내려오자 남편은 환하게 웃으며 나에게 달려왔다. 남편은 보고 싶었다며 꽉 안아주고, 아이들은 아이스크림 사달라며 내 손을 이끌었다.
"어휴. 그렇지. 반기는 이유가 아이스크림이었다니……."
그래도 웃음이 멈추질 않았다. '지금 여기'가 천국이니.

아들의 일기장을 조심스럽게 책꽂이에 넣어둔다. 가을 하늘이 유달리 빛나는 일요일, 평범한 내 하루가 눈이 부시다.

지금 녹차를 마시면 됩니다

　어제까지 펑펑 쏟아지던 눈발이 잠잠해졌다. 버스 정류장에는 한쪽으로 치워둔 눈이 얼음이 되어 산처럼 쌓여 있었다. 십 분쯤 흘렀을까. 추워서 서 있기 힘들다 느껴지기 시작했을 때, 버스가 도착했다. 서둘러 올라탔다. 눈 때문인지 버스 안에는 승객이 별로 없었다. 창가 좌석에 앉아 찬 기운을 녹였다. 다행히 히터가 아쉽지 않게 틀어져 있었다. 바깥의 찬 기운과 버스 안의 따스한 공기가 마주한 창문에는 서리가 뿌옇게 끼었다. 손수건으로 쓱 닦았다. 금세 다시 뿌옇게 변했다. 닦아도 창문은 자꾸만 뿌옇게 됐다. 이제는 그만 추슬러야 한다고 다잡아보지만, 자꾸만 스멀거리며 아픔과 상처를 내뱉는 내 마음이, 서리 낀 창문 같다.

한 시간 후, 버스는 백양사 앞에 도착했다. 버스에서 내리자 수북이 쌓인 눈 속으로 발이 쑥쑥 빠졌다. 절에 들어서자 젊은 스님이 합장하며 인사를 건넸다.

"저…… 혼자인데. 오늘 혹시 템플스테이 가능한가요?

다행인지 불행인지 이런 날 템플스테이를 하는 사람은 나 혼자였다.

지면에 다 말할 수는 없지만, 내 의지와 상관없는 일로 우울한 날이 지속됐다. 그날 내 마음과 별개로 속절없이 내리는 눈은 눈이 부시도록 고왔다. 도착 후, 옷을 갈아입고 사찰 안내를 받았다. 그리고 저녁 공양을 했다. 마음은 울적해도 어찌나 밥맛이 좋은지 살짝 당황했다. 공양 후 차담 시간이 되어 스님을 만나러 갔다. 정적이 흐르는 방에 스님과 마주 앉았다. 스님은 아무 말 없이 뜨거운 물을 숙우(탕관에서 끓인 물을 옮겨 차를 우려내기에 적당한 온도로 식히는 식힘 그릇)에 따랐다. 숙우를 가만히 쳐다보며 식기를 기다렸다. 몇 분 후, 숙우에 담긴 물을 찻주전자에 부었다. 그리고 놓인 찻잔에 물을 부어 잔을 데웠다. 녹차 두 스푼을 주전자에 넣었다. 숙우에 물을 따라 주전자에 부어 녹차를 우렸다. 뜨거운 물로 데워 놓은 잔은 물을 따라 버렸다. 스님은 우린 녹차를 세 번에 나눠 따랐다. 빛깔이 맑고 고왔다. 보고만 있어도 위로받는 것 같았다.

스님은 그렇게 공을 들여 정성껏 우린 녹차를 나에게 건네주었다.
"이렇게 눈이 오는 날 무엇 때문에 혼자서 왔습니까?"
"제 의지와 상관없이 일어나는 일들 때문에 힘이 듭니다."
눈물이 왈칵 쏟아질 것만 같았다.
"무엇이 힘듭니까?"
나의 격양된 감정과 달리 차분하게 스님은 물었다.
"매 순간 집중하며 살고 싶은데 그 순간 걱정과 두려움으로 집중을 할 수가 없습니다."
"……."
녹차 한 모금을 들이키며 스님은 나지막이 말했다.
"지금 녹차를 마시면 됩니다."
"……."

약간의 침묵 후 스님에게 미소를 보였다. 눈물을 훔쳤다.

그리고 함께 녹차를 마셨다. 번뇌가 녹차에 희석되는 듯했다. 이후 방으로 가는 길, 톡! 톡톡! 톡톡톡! 눈이 옷에 떨어지는 소리가 선명하게 들렸다. 지금, 이 순간에 집중하니, 지금, 이 순간이 보였다. 어렵지 않았다. 할 수 있을 것 같았다. 그날 산사에 내리는 눈 소리를 만끽하며 밤하늘을 한참 올려다보았다.

"우리가 할 수 있는 것은 이 훌륭한 여행을 즐기기 위해 최선을 다하는 것이다."

영화 '어바웃 타임' 대사다. 시간을 되돌릴 수 있는 초능력을 갖게 된 한 남자 주인공의 이야기다. 초능력 덕분에 사랑하는 여자를 만나고 행복한 가정을 꾸린다. 그러던 중 같은 초능력을 가지고 있는 아버지가 돌아가시면서 행복한 삶을 살 수 있는 비밀을 알려준다. 첫째, 일단 평범한 삶을 사는 것이다. 남자 주인공은 평소처럼 회사 상사에게 까이고 지친 하루를 보낸다. 퇴근길 지하철 옆 사람의 이어폰 소리도 거슬린다. 둘째, 똑같은 하루를 다시 사는 것이다. 두 번째 날, 똑같이 상사에게 까이지만 여유롭게 동료와 상사 욕을 같이 하고, 지하철 옆 사람의 싫었던 이어폰 소리도 같이 즐기게 된다.

처음에 긴장과 걱정 때문에 볼 수 없었던 세상의 아름다움을 두 번째 살면서 보게 된다. 똑같은 하루인데 말이다. 이후 남자 주인공은 더는 시간여행을 하지 않는다. 시간여행을 하지 않고도 특별하면서도 평범한 마지막 날이라고 생각하며 매일 즐겁게 지내면 된다는 것을 깨닫는다.

지금 투덜대는 일상이 어쩌면 시간이 흘러, 초능력을 써서라도 시간여행을 하고 싶을 만큼 그토록 가고 싶은 순간일 수 있지 않을까? 걱정한다고 해결되지도 않을 일을 고민하지 말고, 지금 앞에 놓인 녹차를 마시며 녹차 맛에 집중하자.

'지금 녹차를 마시면 됩니다.'

글을 닫으며

까짓것 남이 좀 뭐라고 하면 어때?

'글 쓰는 사람'이 되고 싶었다. 그러기에는 쓸데없는 걱정이 많았다. '누가 내 밋밋한 일상을 읽어나 줄까?'

글쓰기는 늘 나중에 '준비'가 되면 쓰려고 했다. '준비'라는 것은 대략 이런 것이다. 가슴을 울리는 교훈도 있고, 반전도 있고, 여하튼 좀 쓸 만한 굵직한 일이 일어났을 때 쓰는 것이었다. 불행인지 다행인지 불혹이 넘어도 늘 일상은 똑같았다. 주말 목 빠지게 기다리며 일하고, 인간관계에서 한 번씩 상처받고, 그러다 여행으로 충전 후 다시 일상으로 돌아오고……. 자기계발서에 나오는 사람처럼 역경을 이겨내 큰 성취를 이루고, 가슴 뭉클한 교훈을 줄 만한 '쓸거리'는 도무지 일어나지 않았다. 무엇보다 죽을 때까지 큰 변수가 없는 한, 지금처럼 평범한 일상을 살 확률이 굉장히 농후해 보였다.

불혹이 넘으면서 알게 됐다. 무엇보다 이 평범한 일상이 귀한 '글감'이라는 것을……. 뼈가 되고 살이 되는 교훈은 다름 아닌 밋밋한 '일상' 속에 있었다. 사랑 듬뿍 받으며 자랐던 나의 유년 시절, 미친 듯이 공부했던 학창 시절, 그토록 원하던 교사가 됐던 순간, 녹록지 않은 사회생활에서 실수하고 성장했던 순간, 마음껏 뛰어

놀 수 있는 운동장 같은 내 반쪽을 만났던 순간, 보기만 해도 사랑스러워서 입에 침이 고이는 아이 둘을 키우면서 울고 웃었던 순간까지……. 수많은 '찰나'를 그놈의 똥폼 잡느라 글로 남겨두지 못한 것이 발등을 찍고 싶다.

'까짓것 남이 좀 뭐라고 하면 어때?'

'그냥' 써보기로 했다. 새벽에 일어나 노트북을 켰다. 이게 뭐라고 가슴이 두근거렸다. 중학교 때, 방문 잠가 놓고 몰래 비밀 일기를 긁적이던 게 생각났다. 글을 쓰면서 잊고 산 그간의 추억들이 하나하나 생각나기 시작했다. 마치 소풍날 보물찾기에서 꼭꼭 숨겨둔 보물을 찾은 듯했다. 잃어버린 결혼반지 찾는 것보다 더 감격스러운 일이었다.

'아……. 이렇게 귀한 일들을 잊고 살았구나.'

당연히 서툴렀다. 기본적인 맞춤법은 물론 띄어쓰기도 틀렸다. 부끄러움은 온전히 나의 몫이었다. 쓰레기 같은 글이 나와도 꾸역꾸역 썼다. 한쪽 눈을 질끈 감고 무작정 쓰기 시작한 것이 지금 여기까지 왔다.

엉망진창 글을 무조건 '그냥' 쓰자고 했던 결심이 지금은 눈물 나게 고맙다. 그런 용기를 내지 않았다면 지금도 선물 같은 순간들을 그냥 흘려보내고만 있었을 것이다. 생각만 해도 아찔하다.

글을 쓰면서 수많은 나를 만났다. 어린 시절 상처받은 나, 어른이 되어 좌충우돌 시행착오를 겪는 나, 처음으로 엄마가 되어 방법을 몰라 헤매고 있는 나. 초라하고 비참한 나의 모습도 글로 모조리 토해냈다. 글로 풀었다. 얼굴이 화끈해지고, 가슴 뜨거워지고, 속절없이 눈물이 나기도 했다. 카페에서 혼자 글을 쓰면서 펑펑 울었던 날 그때 그 개운한 기분을 잊지 못할 것이다.

글을 쓰면서 확신할 수 있는 세 가지가 생겼다.
첫째, 감사하고 또 감사하자!
매일 아침 눈을 뜨자마자 정성껏 두 손을 모아 잠긴 목소리로 중얼거린다.
"오늘도 살아서 감사합니다."
질병과 상해로부터 안전한 아침을 맞이한다는 것이 해가 갈수록 당연한 일이 아니라는 것을 실감한다. 건강하다고 자신했던 몸은 직장 스트레스로 멀쩡한 곳이 없을 정도였다. 아침에 눈 뜨는 일이 버거웠다. 학교 적응이 더디어서 걱정이 산더미 같았던 둘째가 하루아침에 사고로 다리가 잘못됐을 뻔한 고비도 있었다. 영원히 곁에 계실 것만 같았던 아버지는 갑작스러운 암 선고로 다시 볼 수 없는 먼 곳으로 떠나셨다.
'존재 자체가 감사구나.'
살수록 '감사'의 정의는 간결해지고 분명해졌다.

둘째, 남 눈치 그만 보자!

　내가 나를 어떻게 보는 것보다, 남이 나를 어떻게 보느냐가 더 중요했다. 내 인생에서 가장 후회되는 시간이다. 게다가 겁이 많아 돌다리도 스무 번은 두드리고 건넜다. 열심히 살았지만 한 번씩 공허했다. 특별히 힘든 일이 없는데도 힘들었다. 어느 순간 나를 위한 삶은 무엇인지 격하게 고민했다. 좀 더 대담하게 살고 싶었다. 하고 싶은 것은 불법이 아닌 이상 하면서 살고 싶었다. 내가 무엇을 원하는지 매일 들여다봤다. 친정, 시댁, 직장 모두의 양해를 구해 제주도 일 년 살이를 했고, 심각한 길치여서 절대 이번 생은 불가하다고 생각했던 배낭여행을 혼자 다녀왔다. 엄마 손이 필요했을 첫째 초등학교 일학년 때, 연극단에 들어가 그토록 꿈꿨던 무대에 섰다. 그리고 무엇보다 특별한 사람만이 할 수 있다고 생각했던 책을 출간하게 됐다. 지금도 믿기지 않는다. 남 눈치 봤으면 감히 이룰 수 없었던 일들이다. '잘'하는 것보다 '그냥'이라도 했던 덕분이다.

　마지막으로, 지금 여기에서 행복하자!

　매일 아침 학교로 출근해서 수업하고, 이런저런 스트레스에 살짝 진이 빠졌다가, 주말은 남편이 해주는 샌드위치로 늦은 아침을 먹고, 아이들과 함께 동네 산책을 한다. 그리고 월요일을 준비한다. 무료한 일상에서 과연 행복하게 살고 있는지 의구심이 들 때쯤 다시 생각한다. '행복'의 정의에 대해서……

"괴로움이 없는 것이 행복입니다."

존경하는 법륜스님 말씀이다. 나의 쓰임이 있는 직장이 있고, 자아가 없나 싶을 정도로 나밖에 모르는 남편이 있고, 컴퓨터 게임보다 엄마와의 산책이 더 좋다는 아이들이 있다.

기분이 좋아 방방 뜨는 게 행복이 아니다. 괴로움이 없는 삶이면 충분하다. 행복의 정의를 만만하게 생각하는 순간 행복할 거리는 차고 넘쳤다. 인생은 한없이 덧없고 또 덧없다. '찰나'다. 그 순간을 만끽하지 못하고 이미 일어난 과거를 후회하고, 아직 일어나지 않은 미래를 걱정하기에는 짧아도 너무 짧다. 지금 여기에서 행복하자!

매번 반짝이는 눈으로 내 글을 제일 먼저 읽어보며, "자기 글은 따뜻해."라며 용기를 줬던 첫 독자, 나의 운동장, 엄마가 작가라서 자랑스럽다던 1호 김현서, 새벽에 글 쓰고 있으면 곁에 있어 준 2호 김민준, 수많은 글감을 주었던 사랑하는 홍광숙 여사, 딸이 작가가 됐다고 하면 누구보다 기뻐했을 그리운 아버지, 늘 동생에게 더 못 줘서 아쉬워하는 엄마 같은 언니, 티 내지 않고 묵묵히 장남 역할을 해주는 나무 같은 큰 오빠, 어느새 아이 둘 아빠로 훌쩍 어른이 된 남동생, 부족한 나를 늘 사랑으로 보듬어주는 시부모님에게 고맙다는 말을 전하고 싶다. 그리고 누구보다 뒤늦게라도 용기 내어준 나 자신에게 고맙다.

마지막으로 풋내 나는 책을 귀한 시간을 내어 읽어준 독자 여러분에게 깊은 감사의 말을 전한다.

오늘도 행복을 헤프게 느끼길 바라며
이은희

누가 뭐래도 나는 헤픈 여자다

2022년 04월 05일 초판 발행

지 은 이 이은희
펴 낸 곳 북스케치
출 판 등 록 제2018-000089호
주   소 서울시 마포구 양화로 26 KCC엠파이어리버 202호
전   화 070-4821-5513
팩   스 0303-0957-0405
전 자 우 편 booksk@booksk.co.kr
홈 페 이 지 www.booksk.co.kr

ⓒ 이은희 2022
ISBN 979-11-91870-22-0 03810

* 이 책 내용의 일부를 재사용하려면 저작권자와 북스케치 양측의 동의를 반드시 받아야 합니다.
* 책값은 뒤표지에 표시되어 있습니다.